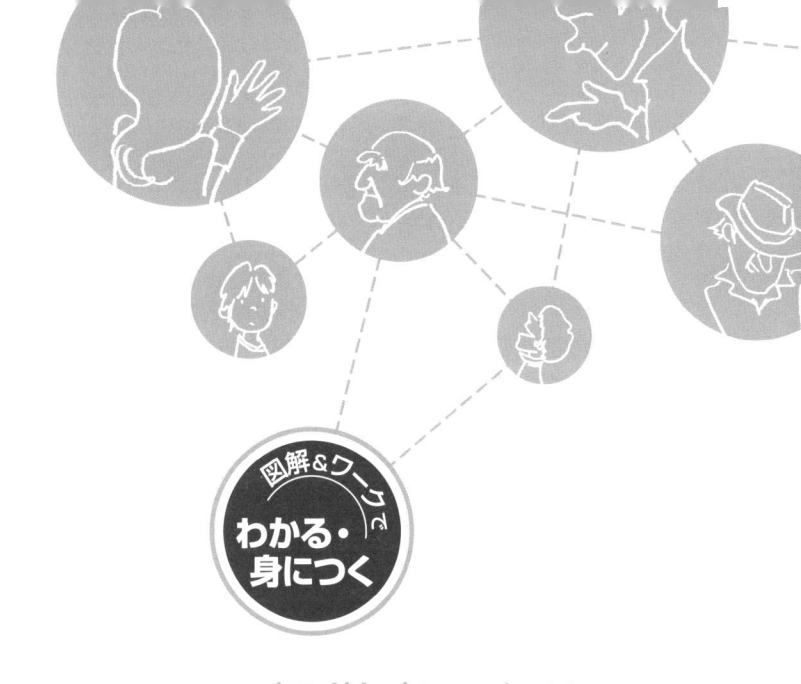

図解&ワークで
わかる・身につく

初学者のための
交流分析の基礎

中村延江・田副真美・片岡ちなつ　著

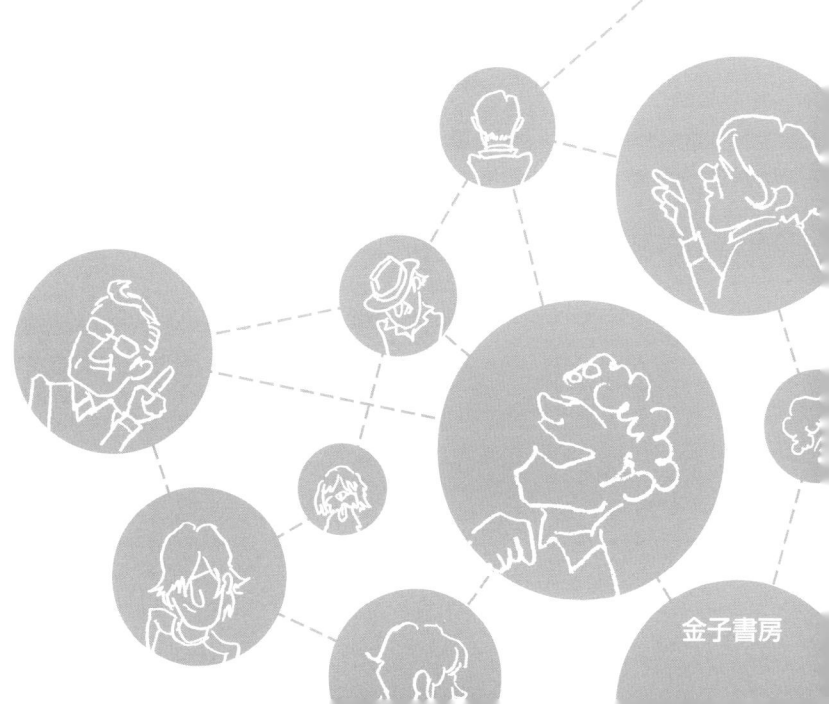

金子書房

はじめに

　交流分析は，精神分析を基礎にしてはいますが，過去にこだわるだけでなく「今，ここで」をとりあげ，これから，より適応的に生きていくための自分の生き方を分析し，各人が関わる人々との関係を分析して，よりよい生活の仕方を考えていくというものです。
　交流分析の理論は，実利的でわかりやすいことから，治療的な側面だけでなく，自己成長，自己実現のためにも役立つので，教育の領域や産業領域，司法・矯正領域，さらには日常生活にも活用されることが多いものです。
　そのように，幅広く活用されるものですから，心理士をはじめとして医師やケースワーカー，教師，福祉士などヒューマンサービスの仕事に携わる人，人事に関わる人など多くの人々が学ぼうとしています。

　交流分析を学ぶための本はたくさんあります。具体的な例をあげているもの，ワークを入れているものなど，わかりやすい本も少なくありません。
　ただし，交流分析はわかりやすい理論ではありますが，中心となる理論のほかにそれらに関わるいくつかの理論が用意されています。それらはそれぞれが有機的に関わっているものです。
　この本では，中心となる理論とその他の理論がどのように関わっているのかを図解しながら，初めて交流分析を学ぶ人が理解しやすいように説明していきます。
　さらに，それぞれの章にワークを入れて，その章の理論が理解できたかどうかを確認しながら進めるように工夫してあります。

　交流分析の理論は進化しつづけていますので，現在の交流分析の考えすべてをこの本で網羅しているわけではありません。この本ではエリック・バーン（Berne, E.）が説いた基礎的な交流分析の理論を学ぶことを目的にしています。

　巻末付録の図版を見ながら各理論を読み進めていただくと，理解しやすいと思います。
　この本で，まず自分を題材にして分析してみるとよいでしょう。
　各理論はいちおう学びやすいように順に章立てしてありますが，必要な理論をそのつど読み直して確認してください。
　そのうえで，臨床の場，教育場面などで対象者に合わせて交流分析を活用してください。

　　　2012年　5月

　　　　　　　　　　　　　　　　　　　　　　　　　　　　　　　中　村　延　江

目　次

はじめに　i

I　交流分析とは　―1

1. 交流分析　1
2. 4つの基本的分析　2

II　自我状態　―4

1. 自我状態　4
2. 自我状態モデル　4
   - ■ 5つの自我状態の特徴　9
   - ワーク1　12
     - 解説　15
3. エゴグラム　16
   - ワーク2　18
     - 解説　18
4. 構造分析の二次的モデル　19
   - ■ 二次的構造：親（P）　20
   - ■ 二次的構造：大人（A）　20
   - ■ 二次的構造：子ども（C）　20
   - ■ 自我の構造と機能について　21
5. 構造上の病理：汚染と除外　21
   - ■ 汚染　22
   - ■ 複合汚染　22
   - ■ 除外　23

III　やりとりの分析（交流分析）　―25

1. やりとりの分析とは　25
2. 交流パターンの分類　25
   - ■ 相補的交流（complementary transaction）　25
   - ■ 交叉的交流（crossed transaction）　26

■ 裏面的交流（ulterior transaction） 28
3. コミュニケーションの原則 29
　■ 第一の基本原則 29
　■ 第二の基本原則 29
　■ 第三の基本原則 30
4. 非言語的メッセージ 31
5. いろいろな代替案（オプションズ） 31
6. やりとり（交流）の進み方 33
　ワーク3 35
　　解説 37

IV ゲーム分析 ―― 38

1. ゲームとは 38
2. ゲームの特色 38
3. ゲームのレベル 42
4. ゲームの過程と分析方法 44
　■ ゲームの交流ダイヤグラム 44
　■ バーンのゲームの公式 44
　■ カープマンのドラマの三角図 46
　■ ゲームプラン 48
5. 人はなぜゲームをするのでしょう 49
　ワーク4 51
　　解説 52
6. 治療関係の中で演じられるゲーム：ゲーム分析の実際 53
7. ゲームを打ち切るには 54
8. まとめ 56
　ワーク5 57
　　解説 59

V 脚本分析 ―― 60

1. 脚本とは 60
2. 脚本装置 60
3. 勝者の脚本と敗者の脚本 63
4. 脚本のでき方 63
5. ストレスと脚本 64
6. 脚本を書き直す 65

VI　4つの分析に関与する理論　――67

1. ストローク　67
   - ■ストロークとは　67
   - ■ストロークの種類　67
   - ■ストローク飢餓　68
   - ■よいストロークを得る方法　69
   - ■ストロークの循環　70
   - ワーク6　72
     - 解説　73
2. 値引き（ディスカウント）と誇張　74
   - ■値引きとは　74
   - ■値引きの受動的行動　74
3. 時間の構造化　75
   - ■時間の構造化とは　75
   - ワーク7-1　78
   - ワーク7-2　79
     - 解説　80
4. ラケット　81
   - ■ラケットとは　81
   - ■スタンプ　82
   - ワーク8　84
     - 解説　85
5. 人生の基本的構え　86
   - ■基本的構えとは　86
   - ワーク9-1　89
   - ワーク9-2　90
   - ワーク9-3　91
     - 解説　92
   - ■基本的構えとエゴグラム　93
6. 禁止令　94
7. 拮抗禁止令（対抗禁止令）　95
8. ドライバー　96
9. 幼児決断　96
   - ワーク10　98
     - 解説　100
10. ラケット・システム　101
    - ■人生の信念と感情　101
    - ■ラケット的表出　102
    - ■強化記憶　104

- ■ 感情的記憶　104
- ■ 選択的忘却　104
- ■「ラケット・システム」から抜け出すには　104
- **ワーク11**　105
  - 解説　107

VII　まとめ　――108

総合ワーク　108
  - 解答と解説　111

おわりに　112

ＴＡ〈交流分析〉がよくわかる！　参考図書ガイド　113

索引　114

著者紹介　117

付録　カラー図版

1　交流分析各理論の相関
2　自我構造のでき方
3　交流の仕方
4　ゲームのでき方
5　脚本のでき方

本文イラストレーション：aki（加藤晶子）
http://www.atelier-mekuru.com/

I 交流分析とは

カラー図版1参照

1. 交流分析

　交流分析（Transactional Analysis）は，1957年に米国の精神医学者エリック・バーン（Berne, E.）によって創始されたパーソナリティ理論であり，その理論による心理療法です。交流分析はその頭文字をとって **TA** といわれることが一般的ですので，以下，TAとします。

　TAは，一言でいってしまえば，自己分析の方法であり人間関係分析の方法であるともいえます。

　TAは，ジークムント・フロイト（Freud, S.）の創始した**精神分析**をもとにしており，症状や行動の背景にある無意識を重視し，その形成についても考察していきますので，考え方として精神分析と似ているところも少なくありません。ただ，大きな違いとして，精神分析では分析者が患者あるいはクライエントの分析を行いますが，TAでは理論を学んで自分自身で自己を分析します。また，それに基づいて，他者（相手）をも視界に入れて考え，対人関係の分析も行います。また，精神分析の用語が難しくわかりにくいのに対して，TAは簡潔でわかりやすい言葉を使っていて理解しやすいことも特徴としてあげられます。さらに，幼児期の体験に基づいて現在の行動や症状を理解しますが，それを「今，ここで」問題としてとりあげ，「今，ここで」具体的にどのようにしていったらよいかを考えることに主眼を置いています。

　したがって，非常に前向きで具体的な理論であり技法であるといえます。

　わが国ではもともと，心身医学領域で心理療法のひとつとして発展してきましたが，現在ではそのわかりやすさ，使いやすさから，医療現場のみならず，教育現場，企業・産業現場，司法・矯正の場，さらには日常生活の場などで広く利用されるようになっています。

　TAが広く適用されるのは，さまざまな面からの理論として考えられているからです。たとえば，個人の感情と思考と行動がどのようになっているかを考えていく，つまり個人の性格について考えていくことや，自我がどのように構成されているかなどをみていくことから，「**パーソナリティ理論**」であるといえます。また，相手との交流（メッセージのやりとり）の仕方を分析し，問題となるような関係を見いだし，より適応的な交流の仕方を検討していこうとするところから，「**コミュニケーション理論**」であるともいえます。

　さらに，自我のあり方や人とのコミュニケーションの仕方に基づいて，その人に起こってい

る問題点やパーソナリティの形成の問題を具体的に明らかにして，それを修正していく技法を呈示することから，ひとつの「**システマティックな心理療法の理論**」でもあるともいえます。また，個人が幼児期より親をはじめとする周囲からどのような刺激を受けて，それらをどのように取り込み，どのように育っていくかということを明確にするので，ひとつの「**発達理論**」ということもできますし，不適応を引き起こすような考え方や行動，問題になる交流の仕方を形成している要因を考え，心身の疾病の要因を考えていくので，「**精神病理学理論**」としての面もあるのです。

2. 4つの基本的分析

TAでは，大きくは，以下の4つの分析を基本として行います。

(1) **自我分析**：個人の中で起きていることを分析します。その個人の心の構造をみていく自我構造分析を行い，それが人生のいろいろな場面でどのように機能するかも考えるというもの。つまり自己分析です。

(2) **交流分析**：人と人との間に起きていることを理解する方法です。どのようなメッセージのやりとりが適応的な人間関係を構築し，どのようなメッセージのやりとりが人間関係をこじらせるのかを分析していきます。これは対人関係分析になります。

(3) **ゲーム分析**：人と人との間のやりとりの中で不快感をもたらすような交流の仕方を理解する方法です。これはくり返し行われる一連の交流で不快な感情を残して終結するような，形としてはゲームのようにパターン化された交流がなぜ起こるのか，それを解決するためにそのからくりを理解しようとするものです。ゲーム分析も対人関係分析ということができます。

(4) **脚本分析**：個人が無意識のうちに行っている生き方を理解しようとするものです。自分では気づかずに幼児期の体験から自分の人生の計画（脚本）を書き，それに沿って人生を送っていると考えるのですが，その脚本がどのようにして形成されたのかを分析していきます。個人の生き方をみていくので，これは自己分析と考えることができます。

このほかに，
① 自我の構造を明らかにして，その構造と心的エネルギーの量が一見して把握できるようにした「**エゴグラム**」についても学びます。

また，
② 人が生きていく上で欠くことのできない心の刺激である「**ストローク**」，
③ ストロークを得るために個人が時間をどのように過ごすかを考える「**時間の構造化**」，
④ 自分や他人や人生に対しての認識と立場についてみていく「**基本的構え**」，
⑤ 自分や他人や状況を軽視して不適応につなげてしまう「**値引き（ディスカウント）**」，
⑥ 不愉快な感情体験としての「**ラケット**」等
についても学んでいきます。

TAのゴールは，自分の現在の状況の不適応に気づき，それを修正して，自分らしい生き生きとした日常を送るという「自己実現」にあります。
　ここまではTAの理論と内容を簡単に説明しましたが，次章からは各理論を実際的に理解するため，具体的な事例を通して考えてみます。

II 自我状態

1. 自我状態

　TAでいう**自我状態**とは，個々人が感じたり，考えたり，行動したりするときのもとになる心の状態のことです。自我状態については，個人の中でどのような状態の心があるのかという自我の構造（心のあり方）と，それらの心の状態が外界や他者との関係でどのように働くかという自我の機能（心の働かせ方）について考えていきますが，ここでは，個々人の心がどのような構造になっているのかとそれぞれの機能をみていきます。

　ただし，構造といっても，自我が分かれているのではなく，ある場面に遭遇したときの反応の仕方と考えたほうがよいかもしれません。

2. 自我状態モデル

　人は，日常の中でいろいろなことに出合います。そしてそのときどきの心の状態でいろいろに感じて，いろいろに考え，いろいろに行動（反応）します。人によって特徴のあるパターンを示しますが，それがその人の自我状態によるものだといえます。

　次のような場面を想像してみてください。
　〈電車の中で，赤ちゃんが泣いています〉

あなたは，その場面で，どう感じて，どう考えて，どう行動するでしょうか。

「周りに迷惑だから，お母さんは赤ちゃんを泣かせないようにするべきよ」
「誰かお母さんを手助けしてあげるべきだわ」
「赤ちゃんも電車の中が暑くていやなのね。かわいそうに」
「お母さんもたいへんね。周りに気を遣って気の毒ね」
「こんな時間にどうして赤ちゃんが乗っているのかしら」
「あの赤ちゃん，泣き方が激しいけど具合でも悪いんじゃないのかな」
「あーぁ，うるさい。そうでなくても暑いのに，ヤダヤダ」
「なんとか泣きやむようにしてよ～」
「本も読めないから場所を移りたいけど，それも当てつけがましく思われるかも」
「いやな顔もできないしなぁ」

など，さまざまに考えてさまざまに反応するでしょう。

あるいは，こんな場面に遭遇することもあるでしょう。
〈同僚の麻子さんが不注意から仕事でミスをしてしまいました。課長に叱られています〉

「麻子さん，また失敗したのね。もっと気をつけるべきだわ」
「課長も人のいないところで叱るべきよね」
「みんなの前であんなに大声で叱られてかわいそうに」
「うっかりしたのね。誰にでも間違いはあるから仕方ないのに」
「どうしてミスしちゃったのかしら？　何を間違えたのかしら？」
「麻子さんの今回のミスで一番困ることは何かしら？」
「いやーぁ，課長の顔こわい。私じゃなくてよかった」
「課長ったら大声でうるさいなぁ。あの声聞くと気分が滅入っちゃうわ」
「同僚としては，あとで慰めの言葉くらいかけておかないとまずいかな」
「私はきちんとしていると課長に評価されるようにしないと」

などでしょうか。

このように，さまざまな場面で心がいろいろに動くものです。これはそのときの気分によって異なることもあるでしょうが，状況は違っても，一人の中には「いつもこう考え，こう行動する」という，ほぼ似たような心の動きがあるものなのです。

たとえば，この２つの例では，赤ちゃんに対して「電車の中がいやなのね，かわいそうに」と思うのと，同僚の麻子さんに対して「みんなの前で叱られてかわいそうに」と思うような，違う場面においても同じような反応をすることが多いということです。

ある場面で，ある考えが頭をかすめ，それに伴ってある感情が起こり，そして何らかの反応をします。そのもとになっているのが心の特徴，自我状態なのです。

そのときの状況によってさまざまとはいえ，人はその人なりの自我状態の特徴をもっています。その自我状態は，思考と感情と行動が一連のセットになっています。

たとえば，明子さんは，これから始まる会議に使う大事な書類を家に忘れてきてしまいました。もう時間はありません。明子さんの頭にはこわい上司の顔が浮かびました。

「きっと怒鳴られる。『クビだ』といわれるかもしれない，どうしよう」

明子さんはパニック状態です。

恐怖と不安と焦燥感で胸がドキドキしはじめます。どうしたらよいかわかりません。半泣き状態です。

・「ミスをしてしまった」という考え（思考）
・「上司がこわい」「どうなるのかという不安」などの感情
・「半泣き状態」という行動

このように人は，ある場面に遭遇したとき，思考と感情と行動が一連のものとして表れるのです。

こうした自我状態（心の状態）が，ある場面に遭遇したときにどのくらいの割合で発揮されるか，その頻度は個人によってどうか，どの自我状態で反応するのかの割合をみる，すなわち個人の心の中にどのくらいずつそれぞれの自我状態があるのかをみるのが**自我の構造分析**です。

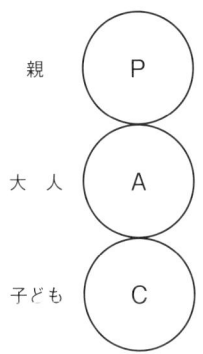

図1 3つの自我状態

バーン（Berne, E.）は自我状態を次の3つに分けて説明しています（図1）。

・「親（Parent）」としての自我状態（Pと表します）
・「大人（Adult）」としての自我状態（Aと表します）
・「子ども（Child）」としての自我状態（Cと表します）

「親」の自我状態は，私たちが子どものころ，親をはじめとする周りの大人の考え・感じ方・ふるまいをそのまま取り入れてしまっている状態なのです。「いいつけには従うべきだよ」，あるいは「あなたが困ったときにはいつでも助けてあげる」といわれてきた子どもは自分の中に「～すべきだ」「人を助ける」という自我状態が入り込み，それをそのまま表現します。

「大人」の自我状態は，ある状況に遭遇した場合に，冷静に判断して，どうしたらよいかを考え，「今，ここで」，現在もっている資源を動員してその出来事に適応的に反応する状態です。

「子ども」の自我状態は，私たちが子どものころ，親や周りの大人からのメッセージに対してした反応の再現です。今，誰かに叱責されると，過去に親に叱られてパニックになった体験がそのまま再現されてしまう状態といえるでしょう。

以上のように自我状態はP, A, Cに分けて説明されますが，さらに，「親」の自我状態は，

・批判的で支配的な親の自我状態（Critical Parent or Controlling Parent：CP）
・養育的な親の自我状態（Nurturing Parent：NP）

の2つに分けられます。

「大人」の自我状態はAひとつだけです。

また,「子ども」の自我状態は,

・自由な子どもの自我状態(Free Child:FC)
・順応した子どもの自我状態(Adapted Child:AC)

の2つに分けて考えます。
　つまり,自我状態は以上の5つに分けて考えます。以下,5つの自我状態のそれぞれについて説明します(図2)。
　① CP:批判的・支配的親
　これは,相手や物事に対して批判的で支配的,権威的,独善的,排他的,偏見的で厳格な自我状態ですが,倫理的,道徳的,教育的,自律的でもある自我状態です。
　「人には迷惑をかけないようにするものだ」「人にぶつかったら謝るべきだ」「規則は守らなければならない」など,子どものころに親にいわれたことがあると思います。それが自分の中に定着して自分の自我状態の一部になっているのです。
　② NP:養育的親
　これは,養育的で保護的,受容的,寛容な相手を思いやる親切な自我状態です。相手をも守ったり気づかったりしようとする自我状態ですが,行き過ぎると相手を甘やかしたり,依存的にしてしまったりという面もある自我状態です。
　「何とかしてあげたい」「私が守ってあげよう」という自我状態も親から送られたメッセージが定着したものです。「大丈夫」「気をつけて」などもこの自我状態からの言葉です。
　親や周囲の大人から取り入れたこうした反応には,ポジティブな面とネガティブな面があります。相手を尊重し,自律性を身につけさせ(CP),守り,育てる(NP)面はポジティブな面です。反対に相手をだめな存在として否定し,支配しようとしたり(CP),おせっかいをして相手を依存的にさせ主体性を失わせる(NP)ような面はネガティブな面です。
　③ A:大人
　この自我状態は,論理的で合理的,客観的,理性的,情報収集的で冷静な状態です。「今,

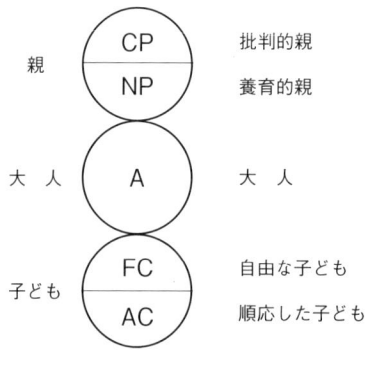

図2　自我機能

ここで」すべきことを冷静に判断して，自分が大人としてもっている資源を総動員して，できることをしようとする状態で，これは自分の感情や思考，行動をコントロールする状況適応的な自我状態です。ただし，この自我状態も行き過ぎると，打算的で結果のみを重視するような冷淡なことになることもあります。

「要するに」「はっきりいって」「結論として」などの言葉は，大人の自我状態からの発言とみられます。

④　FC：自由な子ども

この自我状態は，本能的で感情的，直感的，積極的，活動的，創造的なのびのびした本来の自分を発揮する自然な面ですが，わがままで自己中心的，抑制がきかない子どもっぽい自我状態です。ですから何かの出来事に遭遇したときには，子どものころの思考や感情が再現されて行動もそのころのものが出現します。この自我状態では，泣いたり，怒ったり，パニックになったりと，そのままの状態が発揮されてしまいます。

ただし，こうした自然な抑圧されない自我状態は，大人になったときでも自分らしく生き生きとふるまい自己解放するために，ある程度は発揮することが必要でもあるのです。

「わぁぁ，うれしい」「きゃあ，素敵」などの感嘆詞は自由な子どもの自我状態から発せられるものです。

⑤　AC：順応した子ども

この自我状態は，抑制的で順応的，過剰適応的，消極的，依存的な状態です。争ったり相手から嫌われるのを恐れて周囲に合わせるために自己の感情を過度に抑制しますので，自分の中にストレスがたまります。そのためいわゆる「いい子」としてふるまいますが，心の中では反抗的であったりひねくれていたりすることもあります。ただし，日常生活の中では，立場や状況によったり，生活習慣に合わせるとか礼儀を重んじるなど自己を抑制する面も必要ですから，ある程度は必要な自我状態ともいえます。

「どちらでもいい」「わかんない」「別に」「すみませんがそれを取ってください」などは順応した子どもの自我状態からの言葉です。

■5つの自我状態の特徴

自我状態が表れるのは言葉だけではありません。その個人の自我状態は，言語表現はもちろんですが，表情，態度，ジェスチャー，声のトーン，ニュアンスなどいろいろな面から識別することができます。

同じ言葉でもまったく異なった自我状態から発せられることがあります。

たとえば「バカ」と相手に向かっていったとして，本当に相手を馬鹿とののしった場合，からかっていった場合，ふざけていった場合，照れていった場合，愛情表現からいった場合など，さまざまな自我状態が考えられます。その場合，ニュアンスや表情，その場の状況などから判断するでしょう。

状況によっての判断も必要ですが，一般的にそれぞれの自我状態の意味することと識別するポイントをあげてみます。

批判的・支配的親（CP）

厳格，理想，良心的，批判的，非難的，道徳的，教育的，自律的，権威的

[識別するポイント]

「～すべき」「～してはならない」という言葉，格言やことわざの引用，決めつけるような調子，権威的で威圧的な話し方，押しつけがましいトーン，ミスを指摘する，独断的で支配的な態度

養育的親（NP）

親切，面倒見がよい，寛容，思いやり，保護，養育，甘やかし，おせっかい

[識別するポイント]

「～してあげましょう」「大丈夫？」などの言葉，やさしい言葉づかい，受容的，同情的な態度

大人（A）

理性的，論理的，合理的，客観的，判断的，冷静，分析的，知性的

[識別するポイント]

「要するに～」「具体的には～」などの言葉，落ち着いた明確な話し方，注意深さ，思考的，相手の目をみる，情報収集，判断

自由な子ども（FC）

感情的，直感的，積極的，朗らか，創造的，衝動的，わがまま，自己中心的

[識別するポイント]

「わぁ～」「きゃあ～」「素敵～」などの感嘆詞，感情的，朗らか，開放的，感情を表出，自由な表現，活発，のびのびした

順応した子ども（AC）　過剰適応，抑制，がまん，妥協，消極的，協調，主体性の欠如，いい子，反抗

[識別するポイント]
「〜してよいですか」「わからない」「どちらでも」「別に……」，自信がない態度，くどくという，弁解がましい，顔色をみる，反抗的，ひねくれ，依存的

　以上，5つの自我状態には，それぞれポジティブな面とネガティブな面があります。
　たとえば，NPの自我状態で，困っている人に「手伝えることがあったら手伝いますからいってください」というのは，ポジティブな自我状態の対応ですが，人ができることでも見ていられなくて手を出してしまうのはおせっかいになり，逆に子どもなどに対しては子どもを甘やかしてだめにすることにもなりますので，ネガティブな面といえるでしょう。
　また，ある自我状態は適度に発揮されるとプラスに働きますが，多すぎても少なすぎてもマイナスに働きます。
　たとえば，CPの厳格な面でも，自分をも律する厳格さとして規則や約束は守るというのはプラスの面ですが，厳格すぎて杓子定規で融通が利かない場合や，独善的で考えを人に押しつけるなどはマイナス面といえるでしょう。

ワーク 1

（1）あなたが，日常（家庭や学校，職場，友人との間などで）よく使う言葉は何ですか？
（「わぁ〜」「きゃあ〜」「やった〜」などの感嘆詞も含みます）

　日頃の人との会話をふり返ってみましょう。
　そのときの態度や言葉づかいの特徴，声のトーン，姿勢はどうでしょうか？
　そして，そのときの感情はどのようなものですか？
　日常のある場面をいくつか思い出してみましょう。
　言葉や行動（反応）を書き出してみましょう。

①

②

③

　いくつか思い出した言葉や行動には，それぞれどんな自我状態が考えられますか？

（2）以下の第1・第2のような場面に遭遇したときのことをイメージしてみましょう。

【第1の場面】

　これから大事な会議が始まります。提出する資料を点検してみたら，必要な資料が足りません。あと5分で会議は始まります。その資料がないと会議はスムーズにいきません。

【第2の場面】

　親から，「このグラスはお客さん用だからふだんは使わないようにね」といわれていたのですが，あまりにきれいなので使ってみたくなり，こっそり使ったら，落として割ってしまいました。「だから，いったでしょ」と叱られるに違いありません。

① そのとき頭に浮かんだ考えはどのようなものでしょう？

［第1の場面］

［第2の場面］

② そのときの感情はどのようなものでしょう？

［第1の場面］

［第2の場面］

③ そして，どのような反応（行動）をするでしょう？

［第1の場面］

［第2の場面］

（3）p.4〜5の2つの事例のそれぞれの反応がどの自我状態からのものか考えて，各文末の（　）の中にCP，NP，A，FC，ACを入れてみましょう。

〈電車の中で，赤ちゃんが泣いています〉

「周りに迷惑だから，お母さんは赤ちゃんを泣かせないようにするべきよ」（　）
「誰かお母さんを手助けしてあげるべきだわ」（　）
「赤ちゃんも電車の中が暑くていやなのね。かわいそうに」（　）
「お母さんもたいへんね。周りに気を遣って気の毒ね」（　）
「こんな時間にどうして赤ちゃんが乗っているのかしら」（　）
「あの赤ちゃん，泣き方が激しいけど具合でも悪いんじゃないのかな」（　）
「あーぁ，うるさい。そうでなくても暑いのに，ヤダヤダ」（　）
「なんとか泣きやむようにしてよ〜」（　）
「本も読めないから場所を移りたいけど，それも当てつけがましく思われるかも」（　）
「いやな顔もできないしなぁ」（　）

〈同僚の麻子さんが不注意から仕事でミスをしてしまいました。課長に叱られています〉

「麻子さん，また失敗したのね。もっと気をつけるべきだわ」（　）
「課長も人のいないところで叱るべきよね」（　）
「みんなの前であんなに大声で叱られてかわいそうに」（　）
「うっかりしたのね。誰にでも間違いはあるから仕方ないのに」（　）
「どうしてミスしちゃったのかしら？　何を間違えたのかしら？」（　）
「麻子さんの今回のミスで一番困ることは何かしら？」（　）
「いやーぁ，課長の顔こわい。私じゃなくてよかった」（　）
「課長ったら大声でうるさいなぁ。あの声聞くと気分が滅入っちゃうわ」（　）
「同僚としては，あとで慰めの言葉くらいかけておかないとまずいかな」（　）
「私はきちんとしていると課長に評価されるようにしないと」（　）

> **解 説**
>
> (1) (2) に登場したいろいろな場面でのふるまい・反応・行動はどの自我状態だったでしょうか。
>
> これまでの説明を読み直し，p.10～11 の各自我状態の特徴を参考にして自我状態を知ってください。
>
> (3) の2つの事例の各反応は，上から順に2つずつ，CP，NP，A，FC，AC の自我状態からの反応と考えられます。

3. エゴグラム

エゴグラムは，バーンの弟子のジョン・デュセイ（Dusay, J.）によって創案されたもので，5つの自我状態が各人の中でどのくらい存在しそれがどのように機能するかを，一見して把握できるようにグラフにしたものです。

デュセイが考案したときは，5つの自我状態をしっかり把握して，一つひとつの自我状態をよく理解してから，自分（あるいは自分をよく知る人）が感じるままに，その個人の各自我状態の分量を比較してヒストグラム（棒グラフ）に描くというものでした。

たとえば，自分の行動をふり返って，自他に対して厳格でCP的な言動がとても多いが，

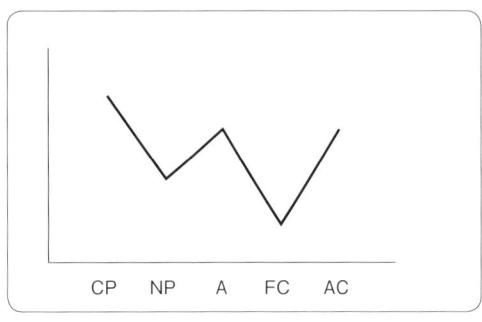

それに比して相手を気遣うNP的な言動が少ない，客観的で冷静なAはとくに多くも少なくもなく普通だが，自分の感情をのびのび表現できないのでFCは低く，周囲に気を遣ってばかりいるからACが高いと考えた場合は，左図のようなエゴグラムを描くことになります。

1970年代に，日本で心身医学の世界を中心にTAが盛んになると，5つの自我状態をしっかり理解しなくても各人の自我状態が把握できるようにと，質問紙形式のエゴグラムが開発されるようになりました。5つの自我状態にあてはまる質問項目を東京大学の心療内科が標準化し，現在は**東大式エゴグラムの新版 TEG Ⅱ**[†1]が開発され用いられています。

そのほかにも，いくつかのエゴグラムが開発されています。

ECL（エゴチェックリスト）：新里里春を中心に東京大学心療内科の共同研究により開発されたもので，ライスケールを採用しています[†2]。新里らにより因子分析などの統計的手法によって検討されたECL-Rも開発されています[†3]。

SGE（自己成長エゴグラム）：桂戴作，芦原睦らにより開発されたもので自己変容と自己成長の具体的ステップが示されるように工夫されています[†4]。

---

†1　東京大学医学部心療内科ＴＥＧ研究会『新版 TEG Ⅱ』　金子書房　2006
†2　新里里春『交流分析とエゴグラム』チーム医療　1986
†3　新里里春ら「エゴグラム（ECL-R）による心身症患者と神経症患者のパーソナリティの研究」『交流分析研究』16-1　1991
†4　村上正人監修，桂戴作・芦原睦『自己成長エゴグラムのすべて――SGEマニュアル』　チーム医療　1999
†5　芦原睦『エゴグラム実践マニュアル・自己成長エゴグラム（SGE）と対処行動エゴグラム（CBE）』チーム医療　2006
†6　桂戴作・杉田峰康・新里里春・水野正憲『PCエゴグラムの手引き』適性科学研究センター　1997
†7　中村延江「プロジェクティブ・エゴグラム」『医療ジャーナル』4-5　1992
†8　松岡洋一・中村延江『プロジェクティブ・エゴグラムの手引き』　千葉テストセンター　2006

CB-E（対処行動エゴグラム）：芦原ら[*5]によって開発され，限定された一定のストレス状況下での対処行動が把握できるようになっています。

PCエゴグラム（透過性エゴグラム）：水野正憲[*6]によって開発されたもの。心のエネルギーは透過調整力によってコントロールされ柔軟に変化移動するという考えによって作成されています。ガイドブックにより自己発見から行動修正までできるようになっています。

デュセイが提唱したエゴグラムは，実際に言葉で表現されたり態度で示されたりという行動化された各自我状態をヒストグラムにするものでした。それに対して，機能的な自我状態より構造的な自我状態として，行動化以前の自我状態を把握するものとして中村延江と松岡洋一[*7*8]は，P-EG（プロジェクティブ・エゴグラム）を開発しました。

ワーク2

　いろいろな場面に遭遇したときの自分の反応・行動はどのようなものか，ここまでの説明にある自我状態のどれにあたるかを検討してみて，直感で5つの各自我状態の量を棒グラフに示し，自分のエゴグラムを描いてみましょう（自分の中のその自我状態がすごく多いと感じていれば，それを100として描きます）。

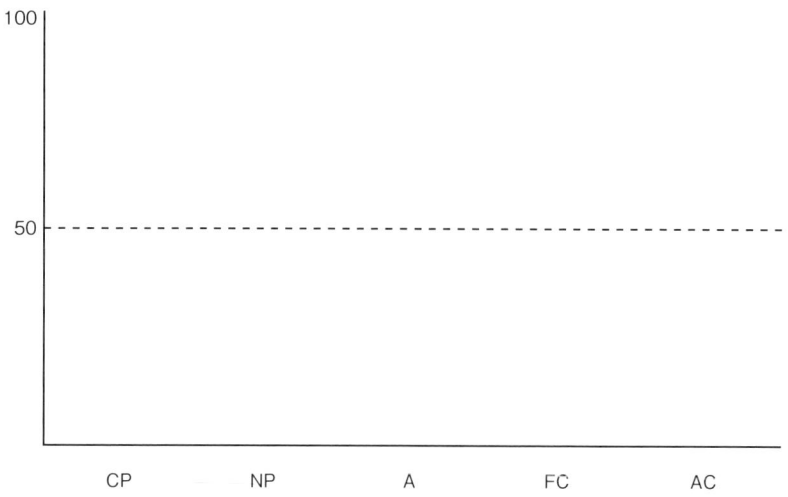

解　説

p.10〜11を読んで，自分の自我状態を確認してみましょう。

4. 構造分析の二次的モデル

ここまでは，それぞれの自我がどのように機能するかをみてきましたが，ここでは自我の内容について，それぞれの自我状態の構造を検討します。

個人のそれぞれの自我状態は，幼児期から成長する間にいろいろな行動的・感情的体験を通して形成されます。したがって，それぞれの自我状態の構造が何によって形成されているのかを詳しくみていこうとするのが**二次的構造モデル**です（図3）。

たとえば，自分の中の親（P）の自我状態は自分の親あるいは親的な人から取り入れているものですから，それは個人によって異なっています。さらにそのPのもととなっているのは本当の親であったり，おじさんであったり，先生であったり，あるいは自分が目標としていた偉人であったりするわけです。ですから個人の中のPは一人がもとになっているのではありません。そしてその複数の対象はそれぞれに大人（A）を内包し，子ども（C）を内包していることになります。そのAもCも含めてPとして個人の中に形成されていくのです。

図3の右図のように，P（二次的構造ではP_2）の中のP（二次的構造ではP_3）についてみてみると，何人かの対象から取り入れたP_3があります。各々の対象にはA_3，C_3を含むので，全部示すと図3の左図のようになります。

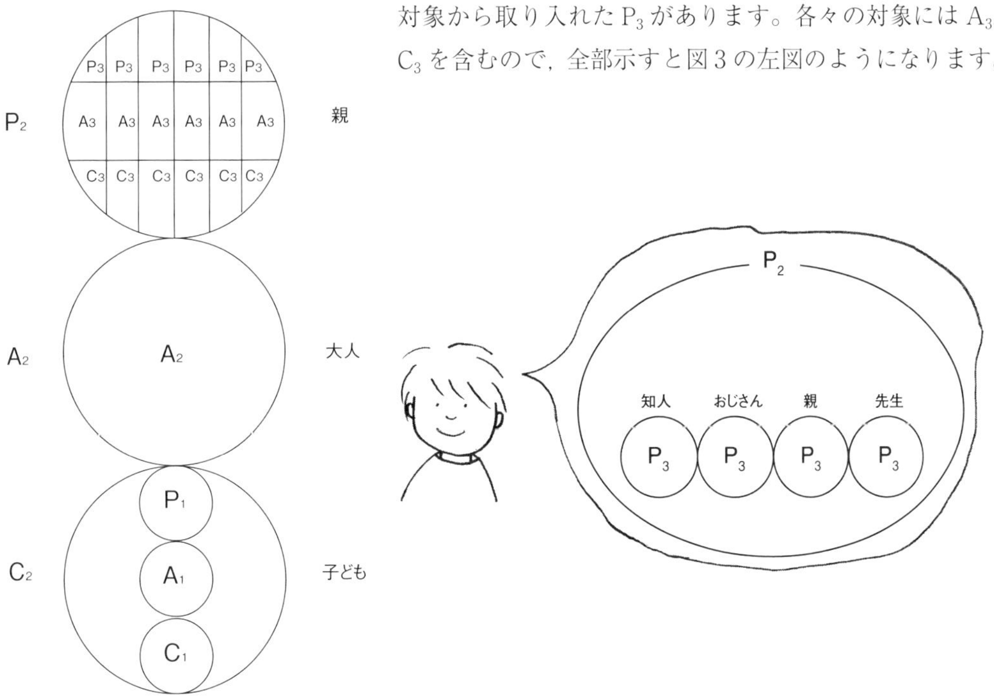

図3 二次的構造モデルの図

P_2：親の自我状態の全体はP_2と表記する。
P_3・A_3・C_3：個人が取り入れた親や親的な人のそれぞれの親・大人・子どもをP_3・A_3・C_3と表記する。
P_1・A_1・C_1：子どもの中の親・大人・子どもをP_1・A_1・C_1と表記する。

■ 二次的構造：親（P）

Pは親や親的な人から取り入れたものですから，その対象のそれぞれのAやCもそのまま取り入れていることになります。したがって，Pは個人がアイデンティティの対象とした人の数だけあるといえます。

① 親の中の親（P_3）

P_3（親の中の親）の例としては，その家族の家訓などはそれにあたります。「人様に後ろ指を指されるようなことをするべきではない」「この木に登ると悪いことが起こるので登ってはいけない」などです。こうした，単なる思い込みや偏見である場合もあります。

② 親の中の大人（A_3）

しかし，個人が受け取った親からのメッセージの中には客観的で正しいこともありますし，Aだという親自身の思い込みや誤解もあります。これがA_3です。

③ 親の中の子ども（C_3）

C_3は，親が子ども時代の感情や思考や行動をそのまま大人になっても発揮し，それをそのままコピーして自分の中に取り込んでいるものです。

たとえば，子どもがいうことを聞かないとイライラして，親が自分の子どもに対して「もういやっ」と怒鳴ったりするとします。そういう体験をすると，その子どもは自分が親になったとき，同様に反応するCを自分のPの中にため込んでいくのです。

■ 二次的構造：大人（A）

二次的構造でA（大人）は区分けされません。

大人の中にあるのは，今この現実世界でどのように考え感じ行動するかという現実吟味と，自分自身の中にあるPやCの自我状態の内容を大人として評価する部分です。たとえば，「横断歩道を渡るときは信号をよく見て渡りなさい」というPのメッセージをもっています。大人としての自分はこのPのメッセージを評価し，それが現実面で意味がある，安全のためには必要なことであると結論をくだし，Aの中にしまい込まれます。

■ 二次的構造：子ども（C）

子どもの自我状態の中には，個人が子どものころに体験したことすべてがため込まれているといわれています。さらに人は子どものころ，すでに自分の中にP（親），A（大人），C（子ども）の自我状態をもっていたと考えています。

子どもは誰でも基本的な欲求をもっています。これが子どもの中のCです。そして，欲求を充足させるためにはどうすべきか考えます。これが子どもの中のPです。そしてさまざまな問題解決の技術も身につけているのです。これが子どもの中のAです。

① 子どもの中の親（P_1）

人は幼いころから，主に自分の保護者から，世の中には従わなければならないことがあるということを学びます。それは大人がそのことを現実吟味して取り入れるのとは異なり，感情から受け入れてしまうのです。たとえば，「ママのいうとおりにしなければ悪い子として捨てら

れてしまう」「いたずらをすると鬼につれて行かれてしまう」「よい子にしていればかわいがられる」などといったことです。こうしたメッセージは，大人になったときにも子どもにもどって引き出されてくることがあります。Cの中のP_1なのです。大人になっても人から拒否されるのがこわくていうことを聞いてしまうなどというのは，このP_1からのメッセージかもしれません。

② 子どもの中の大人（A_1）

A_1は，子どもがもっているすべての問題解決技術のことです。これは子どもの成長につれて変化はしますが，幼い子どもは自分の周囲の世界を大人のように論理的に把握するのではなく直感や創造力でとらえます。そして，それに即した問題解決の戦略をとります。子どもなりの起こったことの把握であり問題解決なのです。これは子どもの智恵とでもいえるもので「小さな教授」と名づけられています。

③ 子どもの中の子ども（C_1）

子どもがさらに幼いころにもどってしまった状態になり，それがため込まれた状態です。子どもが何かのきっかけでこわい目や痛い目にあって，ごく幼いころのパニック状態になり泣いたりおびえたりする状態の貯蔵です。幼児は，自分を取り巻くものをとくに身体的感覚を通じて知覚しているので，C_1として貯蔵されている記憶は身体的感覚を伴ったものが多いといわれています。そのため，C_1は「身体的子ども」と呼ばれます。

■ 自我の構造と機能について

これまで自我の機能と構造について解説してきましたが，この両者を分けて把握しておきます。

自我の構造的モデルは，その個人が自我の中に貯蔵している記憶や対処戦略であり，自我の内容のことです。そして自我の機能的モデルは個人の観察可能な行動を分類するものです。

自我状態を分析するうえで，「構造的」とはパーソナリティの構成部分をさし，「機能的」とはそのパーソナリティがある瞬間にどのように機能しているかをさすものです。

ですから，これを自動車にたとえて，構造は「車輪」であり，機能は「回転すること」であると解説されています。

5. 構造上の病理：汚染と除外

それぞれの自我状態は，明確に区別されるものであり，人は自分の意思でそれぞれの自我状態の間を移行することができるはずです。

しかし，2つの自我状態が混じり合ったり，ある自我状態から抜け出せなくなってしまうこともあります。こうした状態は構造上の病理として考えていきます。

■ 汚染

人はときには，自分のPの内容やCの内容をAだと間違ってしまうことがあります。これは，Aの自我状態がPやCに**汚染**されていると考えます（図4，図5）。

① Pからの汚染

人はその家の家訓やモットー，スローガンなどを大人（A）の現実だと思い込んでいることがあります。たとえば，「他人を頼ってはいけない」「人は誰も信用できない」「金持ちはみなケチだ」「ずるいことをしない限り金持ちにはなれない」などを現実だと思い込んでいるとしたら，それはAがPによって汚染された結果です。

② Cからの汚染

AがCによって汚染されている状況は，人が子ども時代の出来事から生じた思い込みによる思考・感情・行動の再現をしてしまう状態です。幼児期に親から，「困った子だね，本当に何もできない」といわれ，「自分は何もできない人間なんだ」と思い込み，大人になっても，何かをしなければならない場面に遭遇すると「自分は何もできない」と自分を過小評価し身動きできなくなってしまう状態などは，AがCによって汚染されていると考えます。「私は誰にも好かれない」「私は性格が悪い」などの思い込みも汚染であることが多いのです。反対に「私は誰よりも頭がよい」「自分はすごく魅力的だから誰からももてる」などもCの汚染である場合も考えられます。

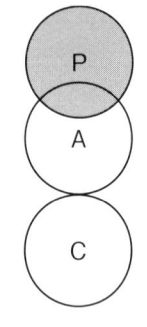

図4　Pからの汚染

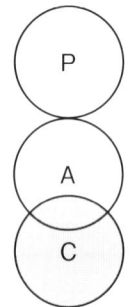

図5　Cからの汚染

■ 複合汚染

複合汚染は，PのスローガンにCの思い込みが重なってAが働かなくなっている状態をいいます（図6）。

Pの「人は信用できない」というスローガンにCの「誰も信用できないんだ」が重なり，その両方を現実だと誤解している場合などです。

あるいは，Pの「親のいうことはどんなことでも従うべきなのだ」にCの「親のいうことに従わないとたいへんなことになる」が重なった場合などもそうです。

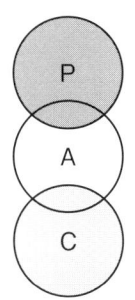

図6　複合汚染

■ 除外

　人は，ひとつあるいは2つの自我状態を締め出して残った自我状態で膠着してしまうことがあります。これを自我状態の**除外**といいます（図7）。

　たとえば，Pを除外した場合は，社会のルールに従わないとか約束が守れないということになったり，あるいは自分に対しても他人に対してもルーズで自律性に欠ける行動になります。

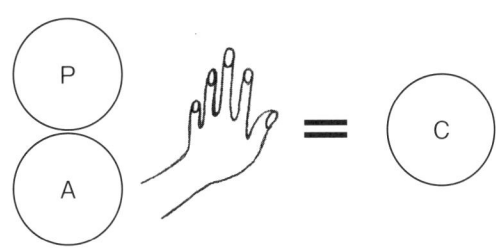

図7　除外

　Aが除外されている場合は，Aでの現実吟味力が欠如しているので，PとCのやりとりの間で葛藤しつづけることになります。Pの「～してはならない」とCの「～したいんだ」の間でどうしてよいかわからず苦しむことになります。

　Cが除外されている場合は，Cの特徴である感情の表現や生き生きした本能的な反応ができず自分でもストレスがたまりますが，他人からも「冷淡な人」「共感性に欠ける」などと評価されることになります。

　また，2つの自我状態が除外されている場合には，ひとつの自我状態だけの反応になりますから，一貫したある自我状態のみで反応することになります。

　「一貫したP」の場合は，物事の評価がすべてP的になってしまいます。「こうすべきでしょう」「すべて規則どおりにしましょう」という反応になります。

　「一貫したA」の場合は，合理的で客観的でデータ重視の行動に縛られ，楽しむことや感情

を素直に出すことができない状態になります。

「一貫したC」の場合は、どんなときでも子ども時代の自我状態を再現してしまい、感情に左右され、現実吟味ができず自分本位なふるまいをしてしまい、未熟な人格とかヒステリー性格と評価されることになります。

以上のようなものが構造上の病理としてあげられますが、自我状態がPだけやAだけ、Cだけで他の自我状態がまったく機能しないというような完全な除外はないと考えられています。

ここまで説明してきたのが、自我状態についての**構造分析（自我構造分析）**、**機能分析（自我機能分析）**です。

これらの自分の自我状態が相手の自我状態とどう関わっていくかを次章で検討していきます。

III やりとりの分析（交流分析）

カラー図版 3 参照

1. やりとりの分析とは

人と人とのメッセージのやりとり（言葉・態度・行動）の仕方を分析する方法をやりとりの分析（交流分析）といいます。まず次の会話をみてみましょう。

A「今度公開する映画，とても楽しみだわ」
B「本当ね。何というタイトルだったかな」
A「○○よ〜」
B「主人公がどうなっていくか，ワクワクするね」

この交流は，Aさんが「映画が楽しみだわ」という気持ちを共感してほしいと思って発信したところ，Bさんからも同じように「楽しみだわ」という反応が返ってきて，お互いが期待したとおりのメッセージのやりとりをしており，そばで聞いていても楽しそうで心地よいと思います。なぜそう感じるのでしょうか。

次節で，例に示した会話を**自我状態モデル**（P・A・C）から分析してみましょう[†9]。

2. 交流パターンの分類

メッセージのやりとりは，交流の特徴により**相補的交流・交叉的交流・裏面的交流**に分けられます。まずは相補的交流をみてみましょう。

■ 相補的交流（complementary transaction）

次ページの図8-1に示すように，この会話はFCの自我状態から相手のFCの自我状態に向けられ，期待どおり相手のFCの自我状態からの反応を得られた交流であり，コミュニケーションはスムーズです。この2人のやりとりでは，言語的メッセージと表情・態度などの非言語

[†9] 実際には，その際にどんな声質・表情・しぐさなどを用いているかなど，いわゆる非言語的コミュニケーションを含めて分析していく必要があります。　☞ II　自我状態

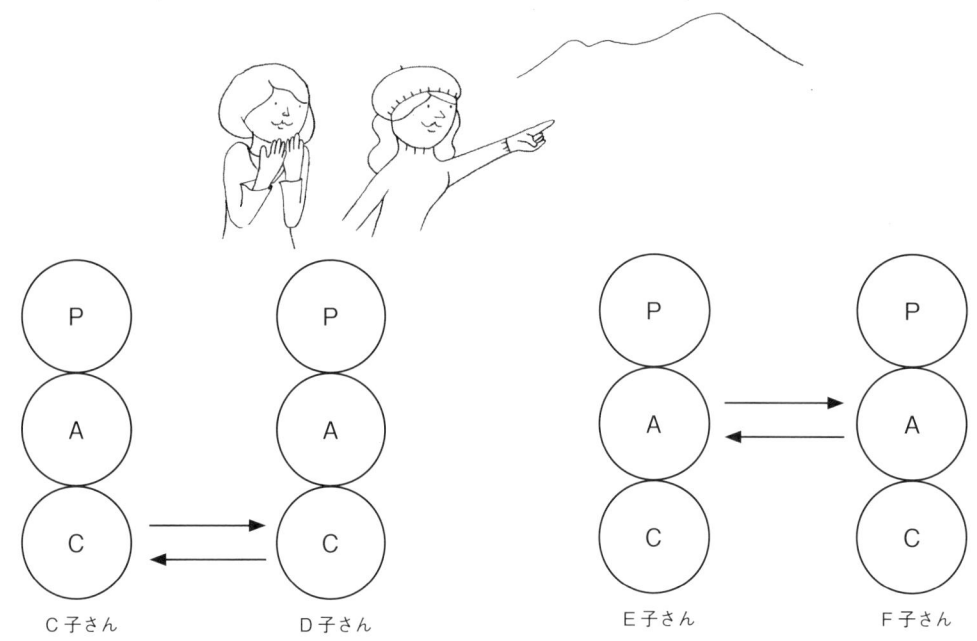

C子「わあ、この山の景色は素晴らしいわね!」FC
D子「まあ、本当に見事ね」FC

図 8-1

E子「あれは何という山ですか」A
F子「白馬岳です」A

図 8-2

的メッセージが一致しています。

　図の中の矢印（ベクトル）はコミュニケーションが行われている方向を示しています。

　相補的交流においては、ベクトルは聞いてほしい相手の自我状態に向けられていて、反応も期待どおりの自我状態からの反応となり、ベクトルは平行線を示します。

　上の会話では、ベクトルは平行線を示しているので、**平行交流**ともいいます。図 8-2 も同様です。

　バーン（Berne, E.）は、相補的交流を、適切で期待どおりの交流であって、健康な人間関係の自然な道理にかなうものと述べています[†10]。

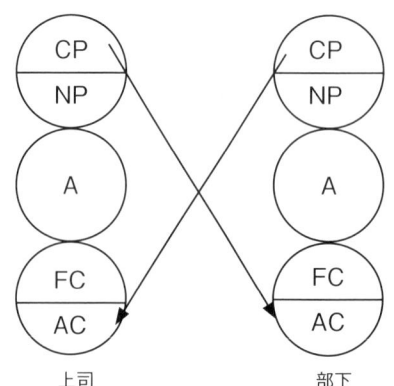

上司「この書類の説明文はまったく的はずれだ」
　　　　　　　　　　　　　　　　　CP → AC
部下「そういういい方は失礼ですね」CP → AC

図 9-1

■ 交叉的交流 (crossed transaction)

　まず、図 9-1 をみてみましょう。上司の CP は、部下があわてて謝罪をするように AC を刺

---

†10　Berne, E., Games People Play. New York: Grove Press, 1964.

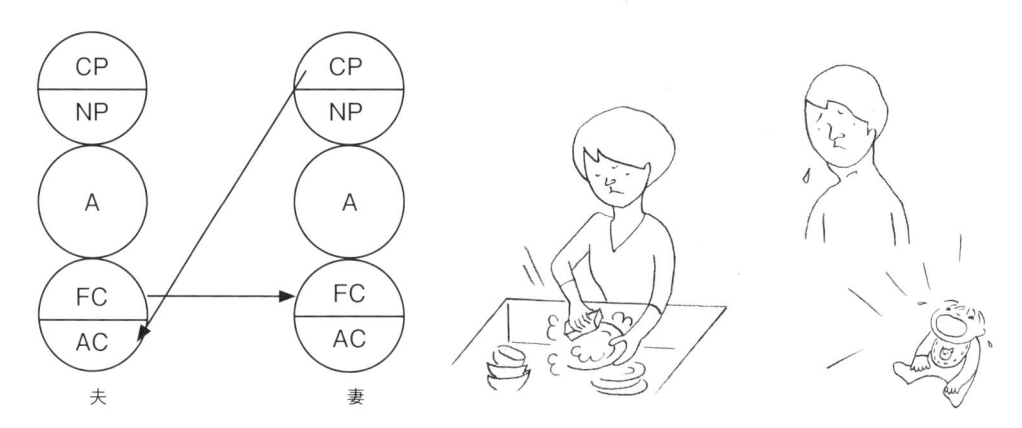

夫「この前見た映画，最高だったよ！」FC → FC
妻「そんな暇があるなら，子どもの世話をして
　　ちょうだい」　　　　　　　　　　CP → AC

図 9-2

激したのですが，部下も予想外に CP から反応してきたので，2 つのベクトルは平行にならず交叉しています。

　図 9-2 は，夫の FC は，見てきた映画のおもしろさを発信し，妻もその映画のおもしろさを共有してくれて FC から反応してくれると思っていたのですが，予想外に CP から批判されてしまった場面です。相手方の反応が期待はずれでくい違っており，**くい違いの交流**ともいいます。

　では，次の交流もみてみましょう。ベクトルは形の上では交叉していませんが，予想外の反応があり，コミュニケーション内容が中断されています。

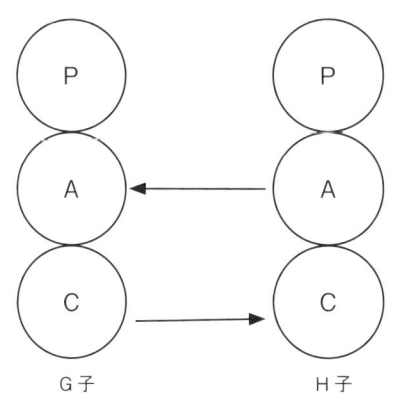

G子「このお肉おいしいわぁ」FC → FC
H子「食料の輸入問題は……」A → A

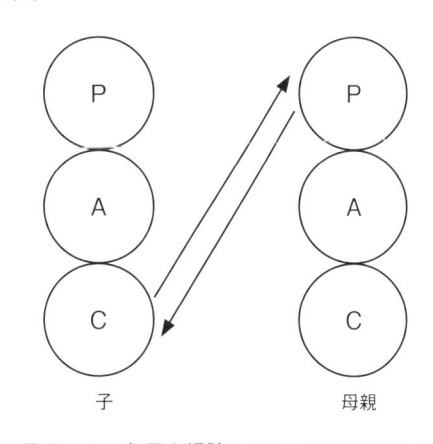

図 10-1

子「お母さ〜ん。部屋を掃除しておいてくれるとう
　　れしいな」FC → NP
母親「何いってるの。お母さんは忙しいのよ。自分
　　でやりなさい」CP → AC

図 10-2

Ⅲ　やりとりの分析

図10-1はベクトルは平行ですが，まったく話がかみ合わない平行線の会話です。G子はお肉がおいしい（FC）という話をH子と共有したかったのでしょうが，H子はまったく関係のない輸入問題（A）のことを話しています。これではG子はがっくりです。

この交流は，二者の求めるものがまったくずれている状態であることから，**ずれのある交流**ともいいます。

図10-2では，子どもは自分のFCの自我状態から甘えて，母親のNPを刺激してお願いをしています。当然，母親が「掃除をしておいてあげるわよ」（NP）と答えてくれると期待していたのですが，同じPの自我状態ではありますが，期待はずれのCPからの反応が返ってきてしまい，怒られてしまいました。

自我状態モデルにおいては，C対Pの平行のベクトルになっていますが，コミュニケーションが中断されたような感じがした場合は，自我機能モデルまで詳細に考えるとベクトルは交叉していることが理解できます。

もし，コミュニケーションを中断したい場合は，ベクトルが交叉するように上記のように発信すると，やりとりは中断されます。　☞Ⅳ　ゲーム分析

■ 裏面的交流（ulterior transaction）

一人の人間が，相手のひとつ以上の自我に向けて，同時にメッセージを発信する複雑な関係です。この交流を裏面的（ulterior）であるといいます。表面的な社交的レベル（顕在的な交流）のメッセージの裏に，本来の目的である心理的レベル（潜在的レベル）からのメッセージ（欲求や意図，あるいは事の真相など）が隠されている交流です。

お世辞や皮肉，内心とは裏腹な態度などにみられます。以下の会話をみてみましょう。

社交的レベル
　部長「この部署の新人は仕事が遅くて困るな」
　　　　　　　　　　　　　　　　CP → CP
　課長「まったく困ったものです」CP → CP

心理的レベル
　部長「君の指導力が欠けているからだぞ」
　　　　　　　　　　　　　　　　CP → AC
　課長「私を責めていますね」AC → CP

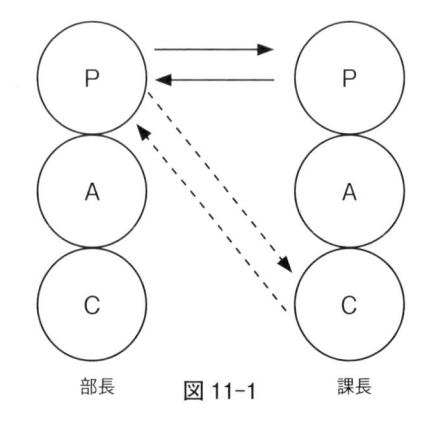

図11-1　部長　課長

社交的レベル
　先輩「ここにある書類を片づければ，そのスペースに本が入りますね」A → A
　後輩「たしかにそうですね」A → A

心理的レベル
　先輩「この片づけは後輩の仕事です」CP → AC
　後輩「片づける役は私ですね」AC → CP

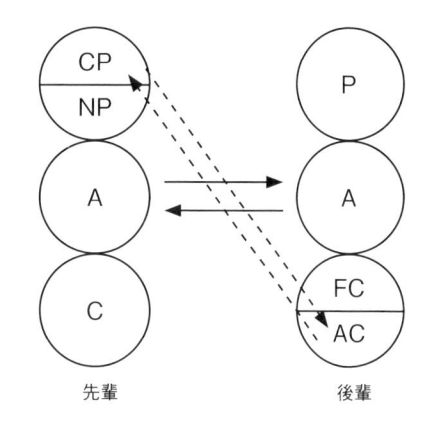

図 11-2

〈裏面的交流の種類〉
① シングルタイプ
ひとつの自我状態から表と裏の2つのメッセージが同時に発信されるもの（角度のある交流）。先ほどの部長と課長の裏面的交流（図11-1）がこれにあたります。
② ダブルタイプ
一組の交流にそれとは異なるもう一組の交流が隠されているもの（二重の交流）。図11-2で示した形の交流です。このコミュニケーションは，表面的には先輩は後輩に書類を片づけるようには指示していませんが，しかし本音では後輩の仕事だという気持ちがあり，それを後輩がくみとっているという裏側のやりとりが交わされています。

3. コミュニケーションの原則

■第一の基本原則
　ベクトルが平行であれば，その話題に関するコミュニケーションは中断することなく持続する可能性があります。

　例）お互いが今見たばかりの映画について盛り上がって話をする（FCの平行交流）。

■ 第二の基本原則
　ベクトルが交叉するときコミュニケーションは中断します。そして，コミュニケーションを再開するには一人もしくは両者が自我状態を移行させる必要があります。

　例）キャッチボールをしていた兄弟だが，途中でどちらかがミスをする。

　兄「ちゃんと投げろよ」　　　弟「お兄ちゃんこそ，しっかり取ってよ」
　兄「相手をよく見て投げろ」　弟「そっちこそ，ボールをよく見てよ」……

　お互いがミスを相手になすりつけ，CPの平行交流が続いていきます。

Ⅲ　やりとりの分析

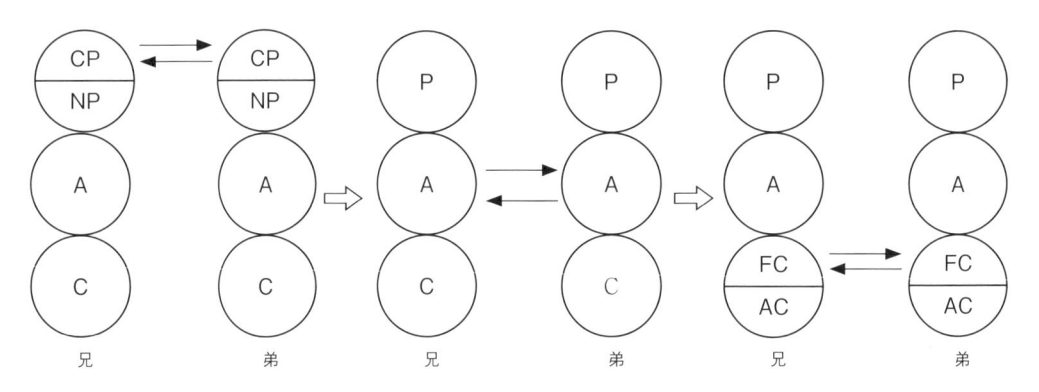

図12の左から：
兄 弟 — 相手の責めあいが続く。
兄 弟 — 兄が打開策を提案し、弟も納得する。
兄 弟 — 再び仲よく楽しむ。

図12

⇒交流を変えるために、兄が発信元をチェンジします。

兄「そうだ、距離を近くしてみよう」A → A　　弟「そうしてみよう」A → A
兄「よし、投げてみて」FC → FC　　　　　　　弟「オーケー」FC → FC

途中、兄が交流の方向を変えたので、また声をかけあい笑いながらキャッチボールを再開。

ベクトル上では、交叉はしていなのですが、発信元や発信先を変えることで、やりとりの内容が変化することがわかります（図12）。

■ 第三の基本原則

裏面的交流の行動的結果は、社交的レベルではなく心理的レベルで決定されます。

表面的なコミュニケーションのみに合わせていては、相手の行動を予測することは困難です。

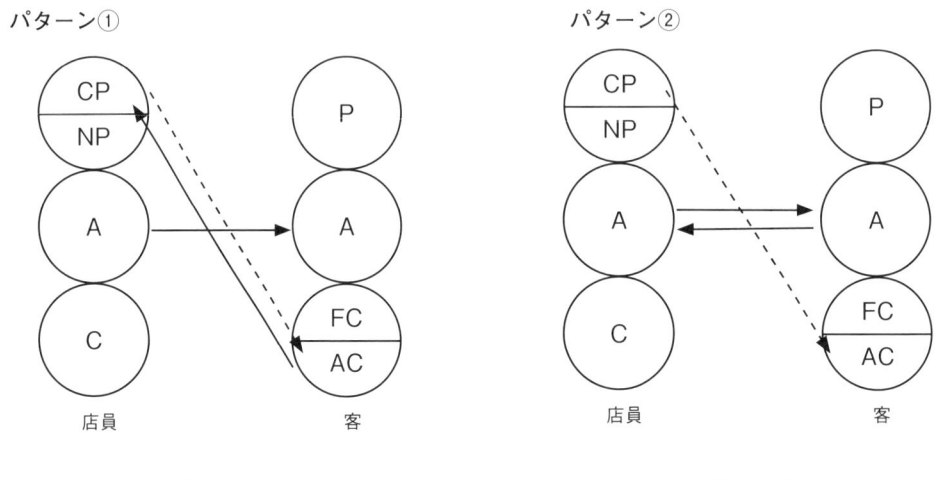

パターン①　　　　　　　　　　　　　パターン②

店員　客　　　　　　　　　　　　　店員　客

図 13-1　　　　　　　　　　　　　　図 13-2

店員「この公演は人気で，次の公演はいつになるかわかりません」A → A
心理的レベル「早くしないと完売するぞ」CP → AC

パターン①
客「え～っ，とにかく今買います！」AC

パターン②
「今回は日程が厳しいので，次回を待ってみます」A

店員は，「早く買わないとチケットがなくなるぞ！」と，客のACを刺激しました。

パターン①　ACを刺激された客は，行けるかどうかわからないけれど，店員の裏面的交流の心理的レベルの言葉に刺激されて，あわててチケットを購入します（図13-1）。

パターン②　行けるかどうかわからないから，あわてて購入せず，じっくり考えて今回は見合わせるというAの判断をしました。この場合は，店員の裏面的交流の働きかけは失敗に終わります（図13-2）。

このように，発信者は相手がどの自我状態で反応してくるかまでは，コントロールできません。裏面的交流においては，期待される自我状態からの反応が得られるように誘いをかけることだけです。　☞Ⅳ　ゲーム分析

4. 非言語的メッセージ

発信者が同じ内容のセリフをいっても，なぜ相手方の反応は異なるのでしょうか。

相手方の価値観などやとらえ方による違いはあるでしょうが，発信者の声の質・トーン・大きさ・身振り・表情・姿勢などあらゆる**非言語的メッセージ**の影響も受けます。

受け取る側は，正確に発信者からのメッセージを理解するには，社交的レベルのメッセージと心理的レベルのメッセージが一致しているかどうか，これら非言語的メッセージからも受け止める必要があります。表と裏のメッセージが異なる場合，言語的なメッセージと非言語的なメッセージは不一致であることが多いのです。「この服はとてもお似合いですね」という言語的メッセージがあり，社交的レベルも心理的レベルも一致している場合は，表情は笑顔，お客を安心させるような声という非言語的メッセージが期待されます。

「よくこんな服を選んだわね」という社交のレベルと異なる心理的メッセージがある場合（不一致であれば……），不自然に高い落ち着かない声，目を合わせないなどの非言語的メッセージがあるかもしれません。

5. いろいろな代替案（オプションズ）

人との会話は，できる限りスムーズであってほしいですし，気分よく交流をしていきたいものです。そのためには，まずは平行の交流をめざすことが大切です。しかし，その会話がギクシャクした交叉した交流であったり，平行ではあってもネガティブな居心地の悪い交流（凍結

状態）で，それから脱却したい場合は，自分の好む方法で新しい交流に変化させることが可能です。それを**代替案**といいます。

以下，先輩と後輩の会話で，いろいろなパターンで交流の様子が変化していく代替案の活用例をあげてみます。

会話 1
　　後輩「この書類をチェックしていただけますか」A → A
　　先輩「そのくらい自分で判断できなくて，どうするんだ」CP → AC
　後輩は A の自我状態から先輩の A を刺激しましたが，先輩は A からではなく，CP を使って後輩の AC を刺激してきました。ここで交流のベクトルは交叉しています。

パターン①　会話 1 のあと，後輩が AC で反応した場合
　　後輩「すみません」AC → CP
　後輩は A の自我状態から，AC に自我状態を移行させ謝罪し，ベクトルは平行となります。
　　先輩「冗談じゃないよ，こっちは忙しいのだから」CP → AC
　　後輩「気づかなくて……」AC → CP
　　先輩「その程度のことはさっさとやってくれないと，困るな」CP → AC
　しばらくネガティブな平行交流が続きます。

パターン②　会話 1 のあと，後輩が CP で交叉させた場合
　　後輩「書類は必ず見せるようにといったじゃないですか」CP → AC
　　先輩「た，たしかにそういったね」AC → CP
　先輩は後輩の AC を刺激しましたが，後輩はそれに対して CP から発信し先輩の AC を刺激することで，ベクトルを交叉させました。

パターン③　会話 1 のあと，後輩が A で反応した場合
　　後輩「何時ごろなら見ていただけますか」A → A
　　先輩「3 時過ぎなら手があきます」A → A
　　後輩「よろしくお願いいたします」A → A
　後輩は CP で反応せず，A を機能させ，それによって先輩の A も刺激され，A の平行交流に変化しました。

パターン④　会話 1 のあと，後輩が NP から先輩の FC を刺激した場合
　　後輩「お忙しくてたいへんそうですね」NP → FC
　　先輩「もうたいへんだよ。締め切りが迫っていてあせっているんだよ」FC → NP
　　後輩「それはたいへんですね。疲れすぎないようにしてください」NP → FC

パターン⑤　会話1のあと，後輩がFCから先輩のFCを刺激した場合
　　後輩「はい，自分で調べます。ところで，少し休憩しましょうよ」（明るく）FC → FC
　　先輩「まったく……調子いいなあ」（笑顔）FC → FC

スティーブ・カープマン（Karpman, S.）[†11] は，「代替案の目的は現在起こりつつあることを変え，それが何であれ自分のできる方法で自由になることであり，それを達成させるためには相手をその自我状態から抜けさせるか，自分の自我状態を変えるか，その両方をしなければならない」と述べています。

〈交流の方向を変化させる条件（カープマン）〉
① 一人または両方の自我状態が実際に変化しなければならない。
② その交流が交叉しなければならない。
③ その話題が変わらなければならない。
④ 前の話題は忘れられること。

6. やりとり（交流）の進み方

発信者がある目的をもって行うコミュニケーションですが，相手のどこの自我状態から反応が返ってくるかは，発信者側の非言語的メッセージの影響も受け，実際はあいまいであることが多いのです。ここでは，それぞれの自我状態からのメッセージが，相手のある自我状態をターゲットにして発信され，そこからの反応を期待している具体的な例をあげてみましょう。

CPからの発信で，時間に遅れてきた部下について同僚と話している場面を想定しましょう。
① CP → CP をターゲット
自分が批判した内容に対し相手にも同様の批判を求めます。
発信者「取引先との約束の時間に遅れてくるなんて，社会人として失格だ」CP
相手がこのメッセージに同意するなら，CP対CPの相補的交流になります。
　　⇒受信者「まったく，なってないな」CP

② CP → NP をターゲット
発信者「社会人として失格だぞ（CP）。ふだんはそんなことはないのに……（NP）」
部下の失敗を指摘するが，ふだんのよいところもくみ取っている。
　　⇒受信者「何かよほどのことがあったのかも」NP

[†11] Karpman, S., 'Options', Transactional Analysis Journal, 1, 1, 1971, 79-87.

③ CP → A をターゲット

発信者「社会人として失格だぞ（CP）。なぜ遅れたのだろう（A）」
原因がどんなことなのか究明しようと働きかける。
　　⇒受信者「遅れた理由を聞こう」A

④ CP → FC をターゲット

発信者「社会人として失格だぞ（CP）。真っ青になっちゃうよ（笑）（FC）」
ユーモアや冗談できり抜けようとする。
　　⇒受信者「ほんと。あせっちゃったよ」FC

⑤ CP → AC をターゲット

発信者「社会人として失格だぞ。君もそう思うだろ」CP
相手にもほぼ強制的に同調を求める。
　　⇒受信者「まったく同感だね。本当にそうだよ〜」AC

　発信者が，相手のある自我状態を刺激したとしても，相手の反応は期待どおりとはいかないので，平行交流になるか，交叉するかは受信者によって変化します。
　やりとりの分析の目的は，まずは自分自身のP，A，Cのあり方について認識を深めるところにあります。自分が他人にどんな対応をしていることが多いのか，それに対して他人はどのように対応してくることが多いのかについて考えます。これによって，自分の対人関係のあり方を認識し，その場に応じたやりとりの仕方を選択することができるようになります。そして対人関係がこじれたときも，今までよりも対人関係のあり方（やりとりの仕方）を意識的にコントロールすることも可能となり，スムーズな交流に修正できるようになっていきます。

ワーク3

(1) ここまで，いくつかの交流をあげてきましたが，次の会話はどのようなやりとりがされているか，ベクトルを書いてみましょう。

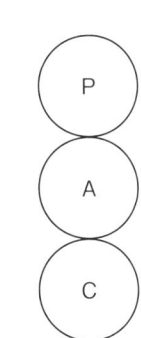

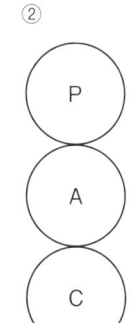

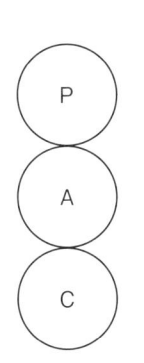

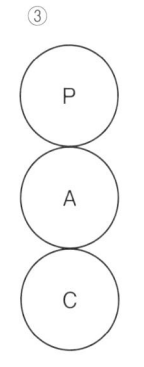

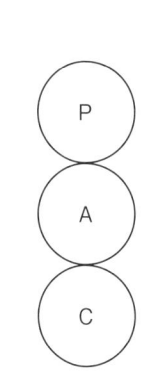

① ② ③

若者「こちらにおかけください」
自我状態（　　）

高齢者「ありがとう」
自我状態（　　）

子「ブランコで遊びたいよ〜」
自我状態（　　）

親「幼稚園の時間だからだめです」
自我状態（　　）

I子「明日のデートは何を着ようかしら」
自我状態（　　）

J子「楽しみね」
自我状態（　　）

(2) 以下の文章について，平行交流，交叉的交流，裏面的交流の3つのパターンで返してみましょう。

　　Kさん：来週のお休みには，今度こそ水族館に行こうね。

平行交流

（Lさん：　　　　　　　　　　　　　　　　　　　　　　　　　　　）

交叉的交流

（Lさん：　　　　　　　　　　　　　　　　　　　　　　　　　　　）

Ⅲ　やりとりの分析　35

裏面的交流

　　社交的交流　（Lさん：　　　　　　　　　　　　　　　　　　　　　　　）

　　心理的交流　（Kさん：　　　　　　　　　　　　　　　　　　　　　　　）

　　　　　　　　（Lさん：　　　　　　　　　　　　　　　　　　　　　　　）

（3）（2）のやりとりについて，下の図にそれぞれベクトルを描いてみましょう。

　　　　○○　　　○○　　　○○　　　○○　　　○○　　　○○
　　　　○○　　　○○　　　○○　　　○○　　　○○　　　○○
　　　　○○　　　○○　　　○○　　　○○　　　○○　　　○○

　　　　　平行交流　　　　　　　　　交叉的交流　　　　　　　　裏面的交流

解 説

(1) 自我状態は以下に示すとおりです。①は平行交流, ②は一見, 平行交流となりますが, 自我機能分析まで行うと, NP を期待して子どもが親の NP に働きかけましたが, 期待どおりの反応はもらえず, CP からの反応で交叉しています。③も平行交流ですが, もしかしたら, 裏面的交流があるかもしれませんね。

①
若者「こちらにおかけください」
自我状態（ A ）

高齢者「ありがとう」
自我状態（ A ）

②
子「ブランコで遊びたいよ～」
自我状態（ FC ）

親「幼稚園の時間だからだめです」
自我状態（ CP ）

③
I 子「明日のデートは何を着ようかしら」
自我状態（ FC ）

J 子「楽しみね」
自我状態（ FC ）

(2) 以下に一例をあげますが, ほかにもいろいろな交流を練習してみましょう。

　　K さん：来週のお休みには, 今度こそ水族館に行こうね。(FC)

平行交流
　　(L さん：うれしいわ。あそこの熱帯魚, ぜひ見たいのよ。(FC))

交叉的交流
　　(L さん：冗談じゃないよ。休みとれないよ。(CP))

裏面的交流
　　社交的交流　(L さん：とっても楽しみ。(FC))
　　心理的交流　(K さん：また時間がとれなさそうだな。(AC))
　　　　　　　(L さん：どうせまたドタキャンでしょ。(CP))

(3) (2) の例のベクトルは下のようになります。

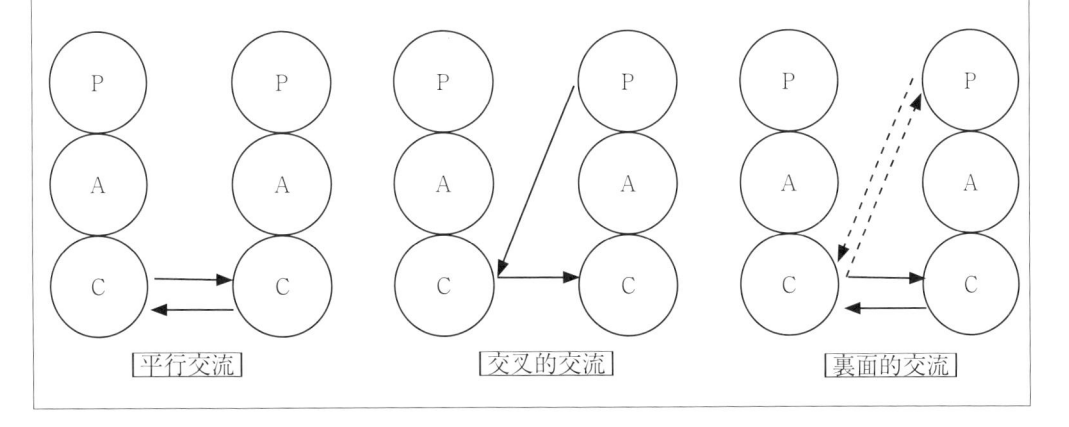

平行交流　　　　　　　交叉的交流　　　　　　　裏面的交流

Ⅳ ゲーム分析

カラー図版4参照

1. ゲームとは

　私たちの日常生活では，ゲームといえばルールがあり，そのやりとりの過程には「おもしろい」「楽しい」などというイメージがありますが，TAでゲームと呼ばれているものは，ルールをくり返すことで，そのあとに不快感が残るようなやりとり（心理ゲーム）のことをいいます。そして，そのゲームの結果，人間関係がこじれてしまうという特徴をもっています。

　TAにおけるゲームでは，2人の人間がそれぞれひとつ以上のレベルで同時にコミュニケーションをし，その交流の結末でいやな感情をもたらすことをいいます。その2人は「ゲーム」を演じているといいます。バーン（Berne, E.）は，ゲームを次のように定義しています。

① 明瞭で，予測可能な結果に向かって進行しつつある一連の相補的・裏面的な交流。
② ゲームは隠れた動機を伴う。
③ しばしば反復的で，表面的にはもっともらしく見える一組の交流をくり返す。

　治療場面では，治療者はゲームの法則，目的，結末についてクライエント（患者）と話し合い，TAについての教育を通し，ゲームをコントロールできるようにクライエントが練習し，より建設的な生き方を選択するように援助していきます。難治例では，生育歴にまでさかのぼり，ゲームのもとになっている発達的な観点よりアプローチすることもあります。
　ここでは，ゲームの概要とゲーム分析について説明します。

2. ゲームの特色

　図14のやりとりを見てください。

綾子 / 鮎子

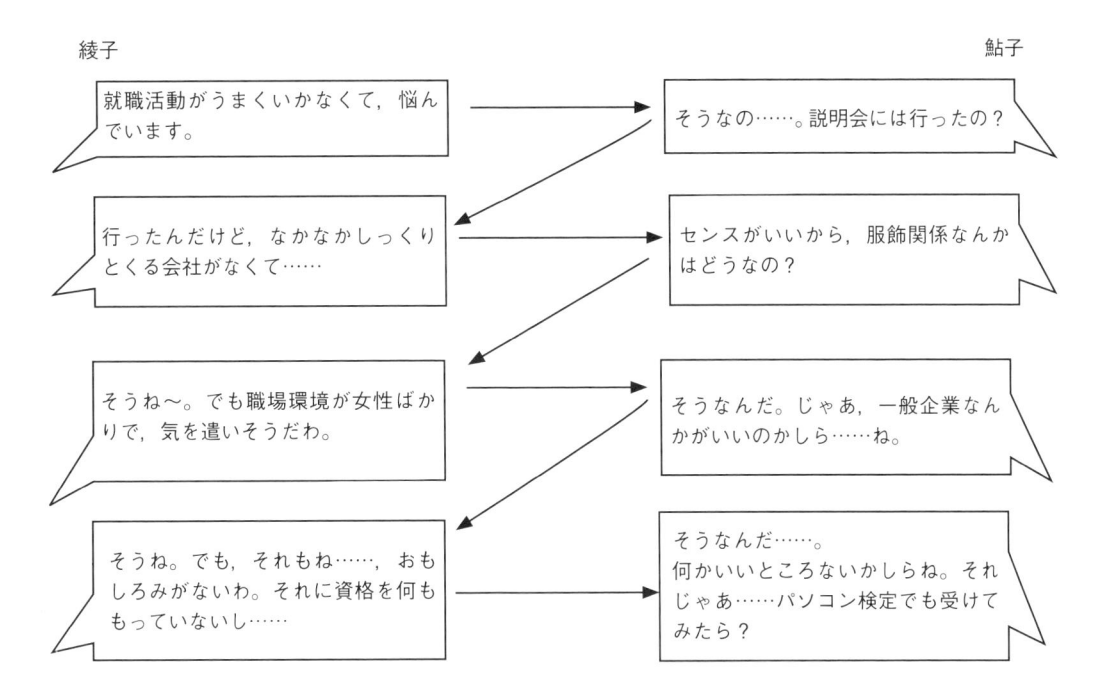

綾子：就職活動がうまくいかなくて，悩んでいます。

鮎子：そうなの……。説明会には行ったの？

綾子：行ったんだけど，なかなかしっくりとくる会社がなくて……

鮎子：センスがいいから，服飾関係なんかはどうなの？

綾子：そうね〜。でも職場環境が女性ばかりで，気を遣いそうだわ。

鮎子：そうなんだ。じゃあ，一般企業なんかがいいのかしら……ね。

綾子：そうね。でも，それもね……，おもしろみがないわ。それに資格を何ももっていないし……

鮎子：そうなんだ……。何かいいところないかしらね。それじゃあ……パソコン検定でも受けてみたら？

このようなやりとりが永遠に続き……
最後には，2人とも心の中ではこのようにつぶやいているかもしれません。

綾子：それごらんなさい。あなたは私の相談にのることなんてできないのよ。

鮎子：ふぅ〜っ，疲れた……いろいろと親身になってあげているのに，結局何いってもむだね……

図14 ゲームの流れ

　上記のような結末を迎えるやりとりを，「ゲーム」と呼びます。このやりとりは，「はい，でも（yes, but）」のゲームといい，最後には，相手を黙らせて無力感を味わわせます。
　では，ゲームの特徴について，次に述べます。

① 相補的かつ裏面的交流

　一見交叉的交流のように見えますが，よく観察すると明瞭で予測可能な結果に向かって進行していく一連の相補的かつ裏面的交流なのです。裏面性と結末という２つの特色をもち，単なる社会的な会話や雑談とは，はっきりと区別されるものです。

② ゲームには，当人もまったく気づかない動機や目的が隠れていることが多い

　たとえば，授業中に教師から何回も注意されたにもかかわらず，私語をくり返し，とうとう教師から叱られ廊下に出されてしまう生徒などは，この種のゲームを演じているといえます。このようなゲームをTAでは「**キック・ミー**」といいます（図15）。この場合，生徒は，教師が寛大な態度で対応すればするほど，これでもかというように私語を続け，最後には教師の怒りを誘発しようと図るのです。このように，相手を挑発して自分を拒絶・処罰させようとする目的が隠されているのです。隠れた動機とは，愛情と承認との欲求（**ストローク**）の飢えからくるものです。☞ストローク（p.67）

男性の部下／女性の上司

すみません，また遅刻をしてしまって……。だめ人間ですよね……。

時間厳守は，以前も注意したわよね！まっ，済んだことはしょうがないわ。ところで，頼んでおいた書類は？

あっ！　あわてて出てきたので忘れてきてしまいました……。忘れないように机の上に出しておいたのに……。あ～っ，何てだめな人間なんだろう……。

何のためにここで待ち合わせたと思うの？　ほんとに，だめ人間ね！しょうがないわね。タクシーで会社に帰って，とってきてちょうだい。

あれ～？　財布が……。

どうしたの？

あ～，何てまぬけなんだ……。どこかに落としてきたかもしれない。すみません，お金貸してください。

もういいわ！私が会社にもどってとってくるわ！取引先には，一人で行ってきます。

また怒られてしまった……何で大事なときに，こんなことになってしまうんだ……。

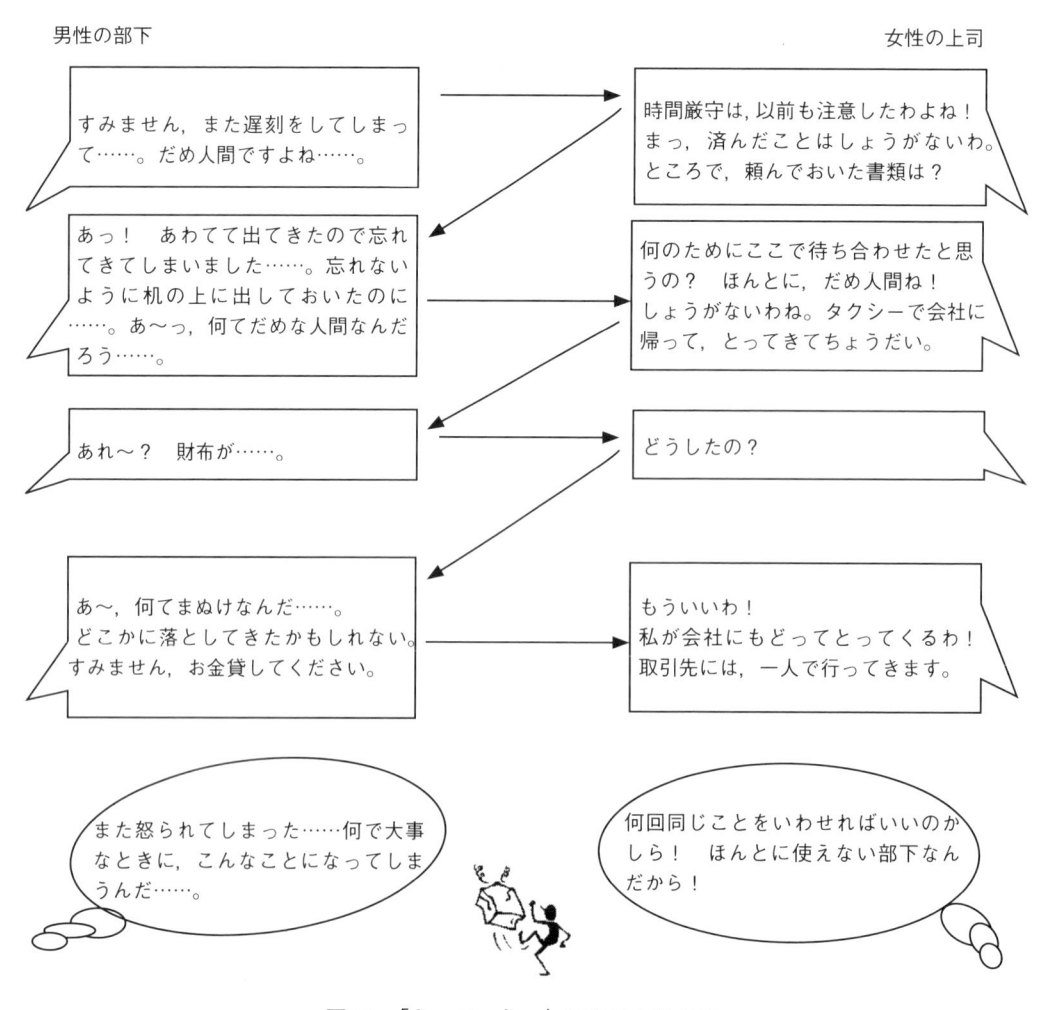

何回同じことをいわせればいいのかしら！　ほんとに使えない部下なんだから！

図15　「キック・ミー」のやりとりの例

③　ゲームの結末には，ある特定の感情が伴う

　ゲームは，隠れた動機や目的をもった交流であるため，なかなか気がつかないのですが，自分の感情に注目することで，自分がゲームを演じているのか相手のゲームにひっかかっているのかに気づくことができます。たとえば，ある特定の人間との関係で，くり返しくり返し不快な気分を味わうときには，ゲームを演じていたり，相手のゲームにのってしまったと考えることができます。ゲームに伴う主な感情は，怒り，劣等感，憎悪の念，抑うつ感，恐怖，疑いなどがあります。対人関係で，このような感情を反復して体験するときには，結末に注意すべきでしょう。このようなゲームに伴う不快な感情を**ラケット感情**といいます。

☞ラケット，ラケット感情（p.81）

④　ゲームはゆがんだ形ではあるが，自己の存在認知を図るものである

　ゲームのあとに，「どうしてあんな馬鹿げたことをしてしまったのだろう」「頭ではわかっているけれど，そのときになるとコントロールができなくなってしまう……」というように決まって出てくる言葉があります。どうして，非建設的な結末を予測しながらも，ゲームを演じてしまうのでしょうか。TAでは，幼児期から身についたある種のゆがんだ感情（C）の習慣が現在の理性（A）の働きを支配しているためだと考えます。子どもにとってストロークは，心身の成長に欠かせないものです。しかし適切な（ポジティブな）ストロークが親からもらえなかったり，無視されるような場合，子どもは症状を示したり困った行動をしたりして親の注目をひいて叱られたほうがまだましだと，自分の存在を認めてもらうために非建設的な不適切でネガティブなストロークを得るような人間関係を作ってしまう癖を身につけていくのです。

⑤　結末では，基本的構えのゆがみが証明される（否定的な評価を確認する）

　ゲームは，幼少期に形成された人生態度（☞基本的構え，p.86）を反復し，自分の存在や愛情の多少を確認したいという欲求に動機づけられています。ゲームでは，相手と自分に対する感情は，「だめだ」「どうしようもない」といった否定的な評価にあふれています。つまり，自他に対する否定的な構え（I am not OK. You are not OK.）を証明しようという傾向がみられるのです。では，日常生活で演じるゲームを，基本的構えの観点から考えてみましょう。

a）自己否定的な交流（I am not OK.）
・キック・ミー：遅刻の常習者，いつも仕事の締め切りに遅れる人にみられるように，相手のひんしゅくを買うような言動をくり返すことで相手から拒絶されたり，叱られたりするような交流の仕方をいいます。結末は，「なぜいつも私ばかりこんな目にあうんだろう」。

　　　　からくりは，「ストロークの飢餓」にあります。同じようなからくりがあるゲームには，以下があります。

・私を笑ってくれ（間抜け）：ひんしゅくを買うことで，周りの人の笑いや軽蔑を誘う。
・私を捕まえてくれ（警官と泥棒）：根底には，注目欲求がある。
・私は例外なんだ（義足・特別扱い）：疾病利得タイプ。

- すみません（シュレーミール・いい逃れ上手）：失敗を重ねておきながら，「わざとじゃないんです。ごめんなさい」と謝る。相手が怒ると，「謝っているのに怒るなんて」と相手を責める。

  b) 他者否定的な交流（You are not OK.）

- はい，でも：前述の例。Pからのアプローチをけっして受け入れない。NPの強い相手（救済者の役割を演じる）とペアになることが多い。
- あなたを何とかしてあげたいと思っているだけ（世話やき）：救済者タイプ。NPが強く，救済者の役割を演じることが多い。
- さあ，とっちめてやるぞ（ヒステリー糾弾）：自分自身が気に入らない相手に対して，相手の失敗や規則違反につけ込んで，それまで抑えていた怒りを爆発させ，執拗に責める。
- あなたのせいで，こんなになったんだ（責任転嫁）：「あなたのせいで……」と相手に責任を転嫁したり，自己弁護をするなど，相手に罪悪感を抱かせる目的で演じられる（迫害者の役割を演じる）。
- 問いつめ：これにのってしまう相手は，甘えたくても甘えるすべを知らない，すねた人。拒絶をにおわす言葉にはのらないことが，こじれないコツ。
- 法廷：3人の人たちが，それぞれ原告，被告，裁判官の役割を演じる。最終的には何の解決にもならず，裁判官は，自分も悪循環の中に巻き込まれてしまう。たとえば，子ども同士で解決すべき問題に親が介入し「大騒ぎ」のゲームを挑発する。親が裁判官や調停役を演じると，論議は必要以上に混乱する。
- 決裂（仲間割れ）：気になる発言をして異性間にトラブルの種をまいたり，仲間同士の対立を起こしたりする。本人は，傍観者の役割の立場をとる。
- ラポ（誘惑）：異性のトラブルによくみられる。女性が異性に対して誘惑的に接し，相手の態度が変わると責める。理想化と嫌悪を行ったり来たりする。

3. ゲームのレベル

TAでは，ゲームをいろいろな立場から分類します。臨床上必要な分類方法は，その病理性の重さによって分類する方法です。このゲームの分類は，バーンによって提唱されたもので，軽いものから順に第1度，第2度，第3度のゲームと呼び，区別しています。

① 第1度：社会に受け入れられる程度のレベルのゲームで，当人たちがそれを人に知られたがらないものをいいます。「ちょっと，カッとした」とか不愉快ではあるが，社会的な名声を傷つけられたというほどではない，法律にも触れない，病気にもなっていないレベルをいいます。

例）ピアノのレッスンをしている子どもと母親（親子げんか）を想像してみてください。最初は，母親もやさしく教えているのですが，子どもが同じところでいつも間違えてしまうことが続きます。

母親　　　　　　　　　　　　　　　　　　　子ども

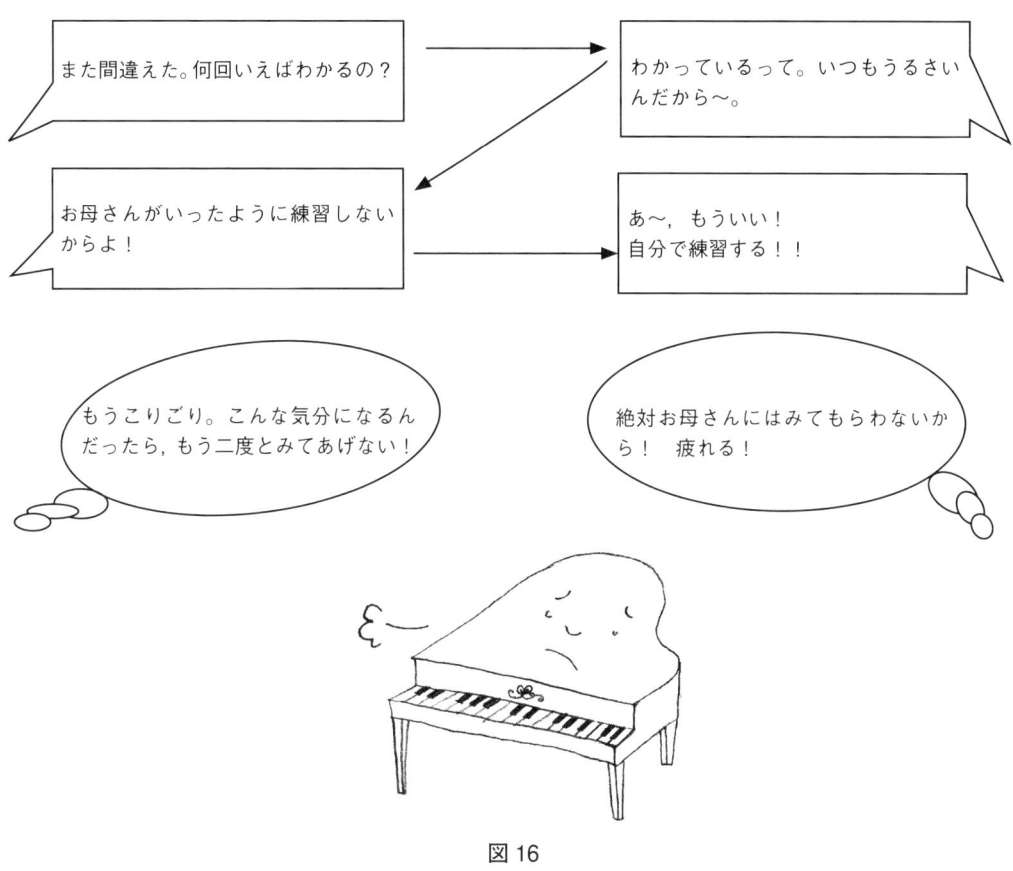

「また間違えた。何回いえばわかるの？」　　　「わかっているって。いつもうるさいんだから〜。」

「お母さんがいったように練習しないからよ！」　　　「あ〜，もういい！自分で練習する！！」

（もうこりごり。こんな気分になるんだったら，もう二度とみてあげない！）　　　（絶対お母さんにはみてもらわないから！　疲れる！）

図16

このような経験はありませんか？　身近なやりとりですが，こじれると問題になります。

② 第2度：社会に受け入れられない交流で，当人たちはそれを人に知られたくなく，他人に知られると社会的に制裁を加えられるという特徴をもち，なんとか隠し通せるものをさします。浮気や不倫などはこのカテゴリーに含まれます。

③ 第3度：とことんまで演じられ，ゲームの参加者の一人に肉体的あるいは精神的に危害が及ぶものです。法律上の罪を犯す人や自殺者を生み出す重症なゲームで，ときには精神疾患や人格障害というような人たちが中心となって進行させられるようなゲームをさします。このレベルでは，自傷，他傷，重度の薬物依存，アルコール依存が認められます。

第2度，第3度のゲームは，人生脚本を助長し，脚本の決断を促す役割を果たします（☞人生脚本，p.60）。たとえば，DVや家庭内暴力などがこれにあてはまります。なるべくゲームの深さを軽くしていくことが大事です。たとえば，第3度 ⇒ 第2度，第2度 ⇒ 第1度のようにです。

4. ゲームの過程と分析方法

TAの中核をなすのがこの**ゲーム分析**です。ゲーム分析で重要なのは，演じている人はそれを意識（Aの状態）の外で行うため，第三者が「ゲームを演じていますよ」と告げても，ピンとこない点にあります。ゲームを演じる人は，からくりに気づいていないのです。コミュニケーションにおいて，Aの働きが十分でないということがわかります。

治療場面では，治療者は，ゲームの法則・目的・結末についてクライエントを教育・練習させることを通して，より建設的な生き方を選択できるように援助していきます。難治例では，生育歴にさかのぼり分析していく場合があります。

ここでは，主要なゲーム過程と分析方法をあげてみます。

■ ゲームの交流ダイヤグラム

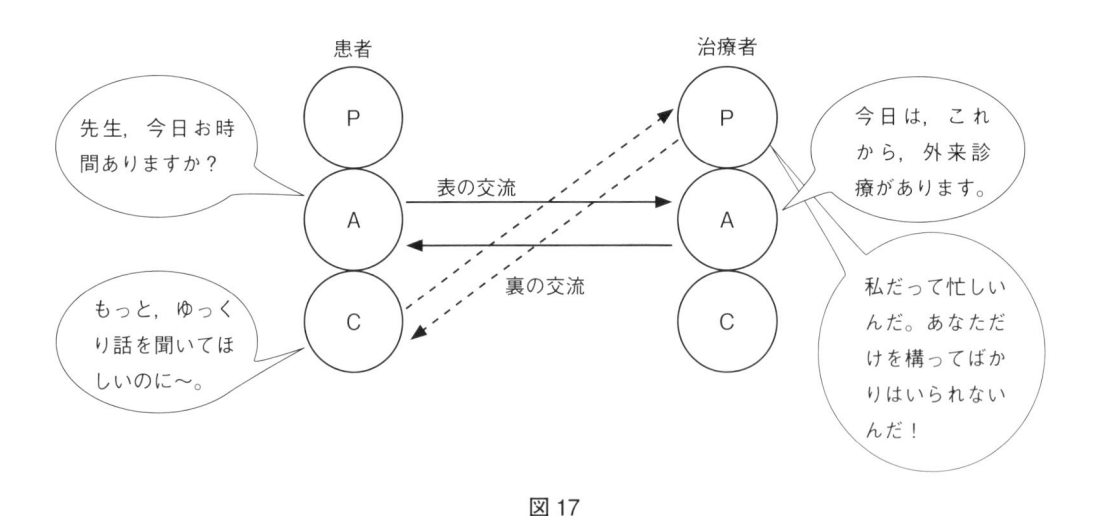

図17

表面ではごく普通の会話のようにみえますが，会話のあといや〜な気分になるのは，実は裏ではこのようなメッセージを相手に投げかけているのです（図17）。これを裏面的交流（☞裏面的交流，p.28）といいます。

■ バーンのゲームの公式

バーンが1970年にこの法則に一致するものだけをゲームとすると規定した公式で，「Gの公式」とも呼ばれています。

ゲームの始まりは，ゲームを仕掛ける人が隠れた**動機**（Con）をもってゲームを演じることができる相手を探しはじめることですが，適切な相手が見つかる**トリック**（Gimmick）（誘い水：イライラ・恐怖などの相手の感情を刺激する）を仕掛けるのです。ワナにかかって相手が**反応**（Response）を示すとゲームが進行しはじめるのです。その後，交流の過程で**役割の切**

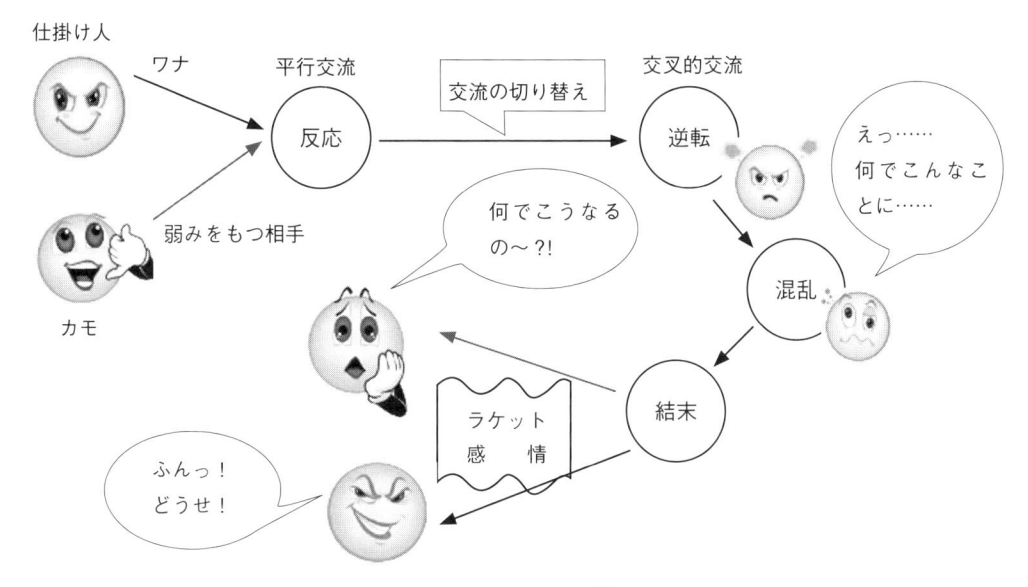

図 18　ゲームの公式（Berne, E.[12] をもとに図解）

り替え（Switch）を生じます。その交流は，行き違いや対立といった**交叉的交流**の形であらわれ，両者の関係に予想外の驚きなどの**混乱**（X：Cross-up）をもたらします。そして最後に，ゲームは思いがけない**結末**（報酬：Pay-off）をもって終了します。この公式によるゲームの本質的な特徴は，交流の過程で役割の切り替えと混乱の瞬間を含むことにあります。

もう少し，具体的にゲームの過程を整理してみましょう（図18）。

目的：自分・他人に対する否定的な構えの確認。

仕掛け：誰も気がつかない挑発行為で，表面の言葉とは裏腹の目的が潜んでいます。本音と建前が違っています。ゲームを仕掛ける人を仕掛け人といいます。

カモ：ゲームを仕掛けられている人です。CPの高い人，NPの高い人，愛情飢餓のあるC的な人，いじめられやすい人などがあげられます。いずれも，人間関係をこじらせやすい特徴をもっています。

平行（相補的）交流（反応）：カモに対して仕掛け人がゲームを仕掛けることによって交流が始まります。最初は，一見うまくいっているようにみえますが，親密さの影にラケットが存在しているのです。

交叉的交流：度重なるやりとりに，ついには堪忍袋の緒が切れて怒りを爆発させてしまうといった事態に陥ります。ドラマの三角図（p.46, 図19）のように，役割の交代が起こるのがこのときです。救済者が迫害者，迫害者が救済者に変身し，主導権が入れ替わるのです。

混乱：交叉的交流によって混乱やトラブルが生じる段階です。この時期にお互いの動機が明らかになります。

---

[12] Berne, E., Sex in human loving. New York: Simon and Schuster, 1970.

結末：緊張した状態は脱出しますが，お互いにラケット感情を感じつつ，相手を無能呼ばわりしたりして結論を確認することで，さまざまな利益を獲得します。

■ カープマンのドラマの三角図

さきの役割の交代の場面では，実は図19のような図式で示している関係が生じているのです。これは，カープマン（Karpman, S.）が考案した，**心理ゲームの構造を示すためのドラマの三角図**という図式です。

```
    迫害者 ⇄ 救済者
         ↘  ↙
         犠牲者
```

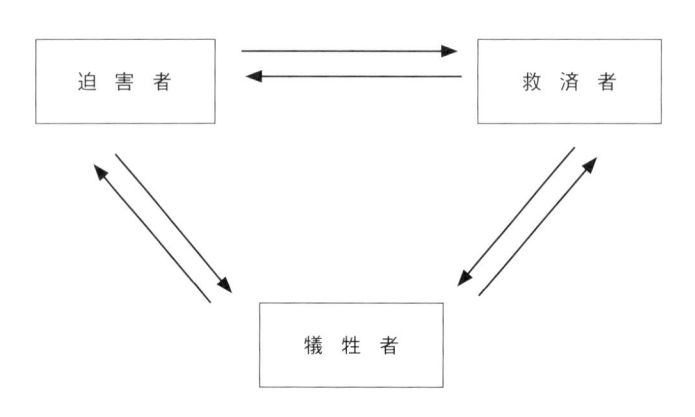

図19 ドラマの三角図 (Karpman, S.)[13]

「**迫害者**」とは，排他的で，相手を見下したり，ミスを正そうとする役割のことをいいます。他人は一段下でOKでないとみています。「**救済者**」も他人はOKでなく，一段下であるとみていますが，相手に援助を申し出る形で，相手の自立・自助を損ない，依存心を高める役割を演じています。「**犠牲者**」とは，一段下でOKでない人はその人自身です。相手の助けを誘うような無力さが特徴です。そして，相互間にいろいろな転換があります。迫害者 → 救済者，救済者 → 迫害者，迫害者 → 犠牲者，犠牲者 → 迫害者，救済者 → 犠牲者，犠牲者 → 救済者と役割の交換が行われながら，ストロークの交換が行われます。カープマンは，自らすすんで犠牲者になる人がいなければ，ゲームは成立しないとし，犠牲者の立場を中心にゲームを考えています。

それでは，例をあげて説明してみましょう。学校に行き渋っている子どもがいます。その子どもと母親，父親のやりとりについてみていきましょう。

子どもが，最近学校に行く時間になると，お腹が痛い，気持ちが悪い，頭が痛いといって，登校する時間が過ぎてしまい，遅刻をするのはいやがるので，休んでしまうことが増えてきていました。

---

[13] Karpman, S., 'Fairy tales and script dorama analysis', Transactional Analysis Bulletin, 7, 26, 1968, 39-43.

行き渋りをはじめたころ

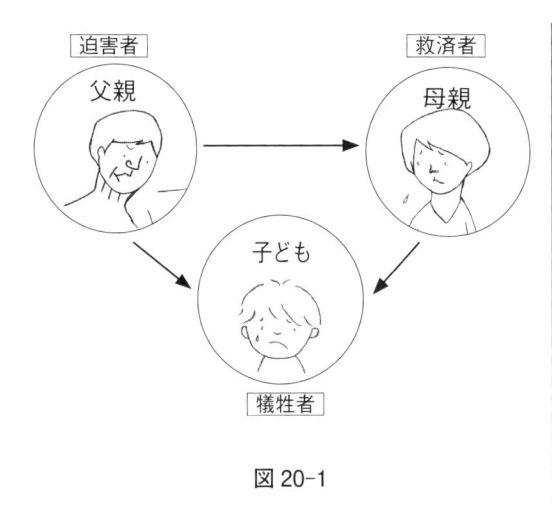

[迫害者] 父親 → [救済者] 母親
父親 → 子ども [犠牲者]
母親 → 子ども

図20-1

　父親は，「何だ！　男がそんなことで，ぐちぐちといっているんじゃない。学校行けば治る。早く行きなさい」と叱ります。母親には「まったくおまえの育児がなっていないから，こんなひ弱な子どもになってしまったんだ」。
　子どもは，体調の不調を訴え，父親にいわれると，涙ぐんでいます。「おかあさ～ん。痛いよう」。
　母親は，子どもが体調の不良を訴えると，あれこれと心配します。
　「この子は，本当に痛がっているのに，何ていうことをいうの。お父さんが悪いわね」と子どもを慰めます（図20-1）。

行き渋りが長期にわたり，休みが増えてきたころ

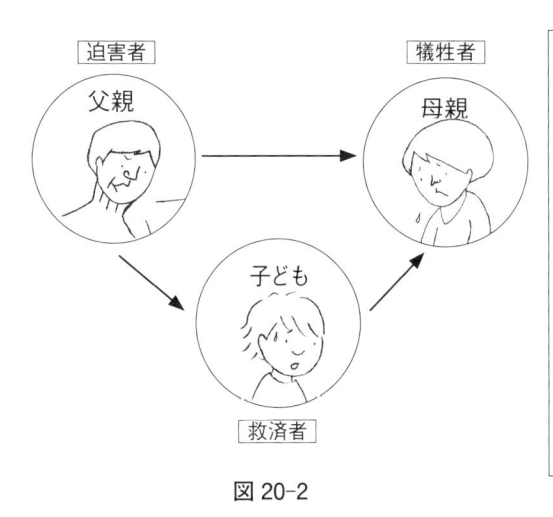

[迫害者] 父親 → [犠牲者] 母親
父親 → 子ども
子ども [救済者] → 母親

図20-2

　父親は，母親に「いつまでこんなことをさせているんだ。おまえが甘いからだぞ！いい加減にしろ！　おまえも，お母さんに甘えているんじゃない！」
　母親は，「すみません。私が甘かったのかもしれません。おばあちゃんたちにも叱られてしまうわね」。自分の育児に自信をなくしてしまいました。
　子どもは，「お母さんのせいではないよ。そのうち行くから……心配しないで」といっては，休んでいる日は，テレビや漫画を見て家で過ごしています（図20-2）。

休みが続いているころ

　子どもは学校を休んでいる日は，母親にいろいろなことを要求し，母親の自由な時間を阻害していきます。そして父親は，帰宅し子どもがその日も休んだと聞くと，母親の対応のまずさを叱ります。母親は，自分だけ責められることにだんだんと怒りを感じてくるのです。そして，とうとう……。

犠牲者	迫害者
父親	母親
迫害者	犠牲者

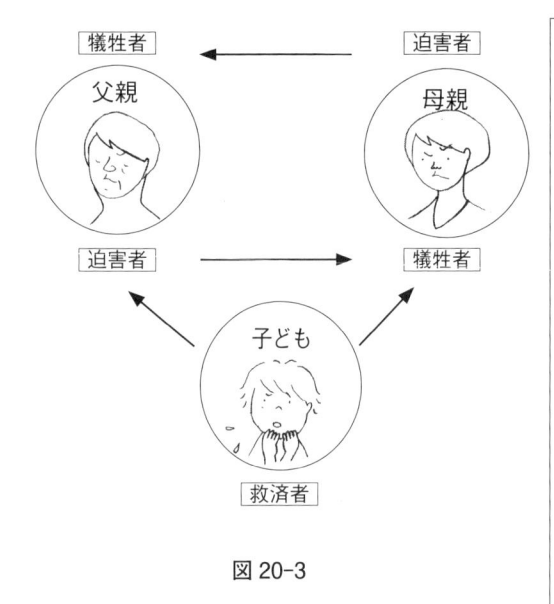

子ども
救済者

図 20-3

> 母親「もういい加減にしてちょうだい。お父さんは，ずっと育児を私任せで何をしてくれたわけ！ 学校に行かないことを私のせいばかりにして！ あなたがこの子に関わらないから，こうなったのよ！ M男もいいかげんにしてちょうだい！ あなたのせいで，お母さんの時間がないわ！ お父さんもM男も，勝手にしてちょうだい」
> 父親「おまえだって，M男が学校に行っているときは，好き勝手していたじゃないか！ 俺ばっかりのせいにするんじゃない！」
> 子ども「お父さん，お母さん，僕のことでけんかしないで……。わかったよ，明日学校に行くから……」
>
> （図 20-3）

　このように，父親と母親は，お互いの育児態度や子どもの行き渋りへの対応，はたまた生活態度まで責めあいを始めます。このときに「犠牲者」と「迫害者」の役割を行ったり来たりして役割が交換されます。場合によっては，子どもが2人の仲裁に入れば「救済者」になるのです。このゲームを止めない限りは，役割の交換が永遠に続いていくのです。

■ ゲームプラン

　ジョン・ジェイムス（James, J.）は，ゲームの進行を理解するための方法として，ゲームプランと呼ぶ質問を開発しました。ゲームプランに2つの「秘密の質問」（表1の＊）を加えたローレンス・コリンソン（Collinson, L.）らによって作成されたゲーム分析のための一連の質問を表1に示します。バーンやカープマンの図式を頭に浮かべながらゲームの進行過程に沿って，開始時から結末までを段階的に分析してみましょう。

表1　ゲームプラン（James, J.[14] を改変）

　身近な人とのやりとりの中であなたがその後に，
　「どうしていつもあの人と話しているといや〜な気持ちになってしまうのかしら……。また今回も同じことになってしまった！ 何でだろう？」
　ということをつぶやいたり思ったりしている原因となっているやりとりの場面や相手を思い出してください。

　1. あなたは後味の悪い感情に駆られたことを何度もくり返していませんか？
　　　それはどんなことですか？ くり返し起こる出来事は？
　2. それはどんな形で始まりましたか？

3．次に何が起こりましたか？
　（どのような裏面的交流をしているでしょう？）＊
4．また，その次に何が起こりましたか？
　（どのような裏面的交流をしているでしょう？）＊
5．それはどんな形で結末を迎えますか？
6．終わったときのあなたの気持ちは？
　（ラケット感情）
7．相手はどんな気持ちになっていると思いますか？

＊：言葉にはしていないが，心の中でつぶやいている，信じて疑わない内容のこと。

　ゲームプランの質問に対して一連の回答をすることで，バーンの公式が明らかになります。表1の質問6，7に回答した感情は，回答者のラケット感情（☞ラケット感情, p.81）と考えることができます。また，質問3の裏面的交流はあなたの相手に対する隠れたメッセージを示します。質問4の裏面的交流は相手のあなたに対する隠れたメッセージを示します。この隠れたメッセージとは，「バーンの公式」では**役割の切り換え**と**混乱**にあたります。
　コリンソンは，「これらの言明はいずれもあなたが小さかったころにあなたの両親があなたに伝えたものである」と示唆しています[†14]。

5. 人はなぜゲームをするのでしょう

　大人の私たちにはもっと効果的な**代替案**（☞代替案, p.31）があるにもかかわらず，どうして私たちは楽しくない，むしろ不愉快な気分を味わうようなゲームをするのでしょうか。ゲームをすることは，私たちが子どものころに身につけた，欲しいものを手に入れるためのひとつの戦略なのです。では，いくつかの理由を考えてみましょう。

①　ゲームによるスタンプと脚本の報酬

　人がゲームをするのは，**人生脚本**（☞人生脚本, p.60）を促進するためなのです。ゲームをする人は報酬の段階で**ラケット感情**（☞ラケット感情, p.81）を経験し，そのたびにその感情を**スタンプ**（☞スタンプ, p.82）として蓄積することができます。
　スタンプとは，「これだけがまんしたのだから，おまえを殴るのは当たり前だ」というような，自分の行動を正当化するためにため込む感情をいいます。そのスタンプがたまると，その後行動化される感情は，ラケット感情とよい行動の2種類に交換されます。前者のラケット感情こそが，ゲームの結末感情なのです。ゲームをする人は，スタンプを十分に集め終えたとき，子どものころに決めたネガティブな脚本の報酬のためにこれを現物化しても正当であると感じるのです。そして，親からの**禁止令**（☞禁止令, p.94）を強め，自分の人生脚本をさらに進展

[†14] James, J., 'The game plan', Transactional Analysis Journal, 3, 4, 1973, 4-7.

させるのです。

②　ゲームと人生の立場

私たちは，ゲームをするたびに，自分の脚本化された信条を強化するためにその報酬を使います。そのようにして，私たちは，**人生の基本的構え**（☞人生の基本的構え，p.86）を確認するためにゲームを使うことがあるのです。

③　ゲームは，他人との時間を過ごすのに役立つ（生活時間を構造化する）

私たちは，日常生活において何らかのストロークの交換のために，私たちの**時間を構造化**（☞時間の構造化，p.75）し，自身の存在を認知させ安心感を得ようとします。しかし，お互いに信頼された人間関係を結べることが理想ですが，そのような機会ばかりが訪れるとは限りません。ゲームは，ゆがんだ存在認知によりプログラム化された時間の構造化なのです。親密になることを阻止し，相手との距離を保ちながら高いレベルのネガティブな**ストロークの交換**（☞ストローク，p.67）を得るために行うのです。

④　ゲームと共生関係と準拠枠

ゲームによって子ども時代の共生関係を再演するとき，**値引き**（☞値引き〈ディスカウント〉，p.74）されているその問題を正当化し，そして維持し，準拠枠を守ろうとします。このように，ゲームをしている人は，その人が感じていたり，信じていたりするラケット感情や人生の立場を正当化したり，他の人や物事にその責任を転嫁するために演じるのです。そして，その人の脚本を強化し促進させるのです。

⑤　ゲームとストローク，ラケット行動

ファニタ・イングリッシュ（English, F.）[†15]は，人は**ラケット行動**から得られるストロークが尽きてしまいそうになるとゲームのストロークを得ようとしはじめると述べています。また，人がラケット感情に対するストロークを得るためにとるある種の交流の方法をラケット行動としました。ゲームは，ストロークを得る確かな方法です。ストロークがもらえれば，自分の存在感が得られ，それによって安心感を得ることができます。ゲームをしている人は，ゲームによりストロークを得ようとするとき，必ず現実を値引きしており，ポジティブな方法でストロークを得るための多くの大人（A）の代替案を無視しているのです。　☞ラケット感情（p.81）

⑥　孤独を避けるため

ストローク飢餓になりそうなときにゲームをしていれば，何人かを絶えず自分の周りにひきとめておくことができるのです。そして，自分の孤独感や孤立化を防ぐことができます。

そのため，ポジティブなストロークだけでなくても，自分に関心を向けられたという意味でネガティブなストロークでももらったり，ネガティブなストロークを相手に投げかけて挑発してストロークを得ようとするのです。

---

†15　English, F., 'Racketeering', Transactional Analysis Journal, 6, 1, 1976, 78-81.

ワーク4

あなた自身が行ったゲームの例で，どのようなストロークを受けたり与えたりしていましたか？

体験したゲームの内容

ストロークの内容
 相手

 自分

> **解 説**
>
> 　最近の対人関係のコミュニケーションのなかで，いつも同じ人とのやりとりが終わったあとにいやな気分が残るとき，「またやってしまった……」と思うようなやりとりを思い出してみましょう。それは，ゲームをくり返しているのかもしれません。
> 　そのときのストロークの種類を思い出してみましょう。
> 　相手のネガティブストローク（マイナスのストローク）に誘発され，相手にネガティブストローク（マイナスのストローク）を与えるという，売り言葉に買い言葉のようなことはありませんか？
> 　そして，交流の裏には，本音と建前のような違うメッセージが隠れているかもしれません。
> 　夫婦げんか，親子げんか……などの中には，ゲームをしているものが多いのです。

6. 治療関係の中で演じられるゲーム：ゲーム分析の実際

患者　　　　　　　　　　　　　　　　　　　　　　　　　　　　　医師

先生，最近生活のリズムが乱れてしまって，体調が悪くって……。眠れないんです。

→ そうですか，それでは就寝時刻をもう少し早くしてみましょう。

はい，でも主人が遅く帰って来るので家事が終わる時間が遅くなって無理なんです。

→ そうですか……。では，昼寝と散歩などの運動を取り入れてみてはいかがですか？

そうですね。でも，昼間は姑の世話などがあって……。

→ それでは，とりあえずお薬を出しましょう。睡眠をとるようにしましょう。

そうですね。でもお薬には頼りたくないんです。依存してもこわいし……。先生，なんとかなりませんか？先生は，そのご専門と聞いて，受診したんです。

→ 困りましたね……。何かよい方法があるかなぁ。

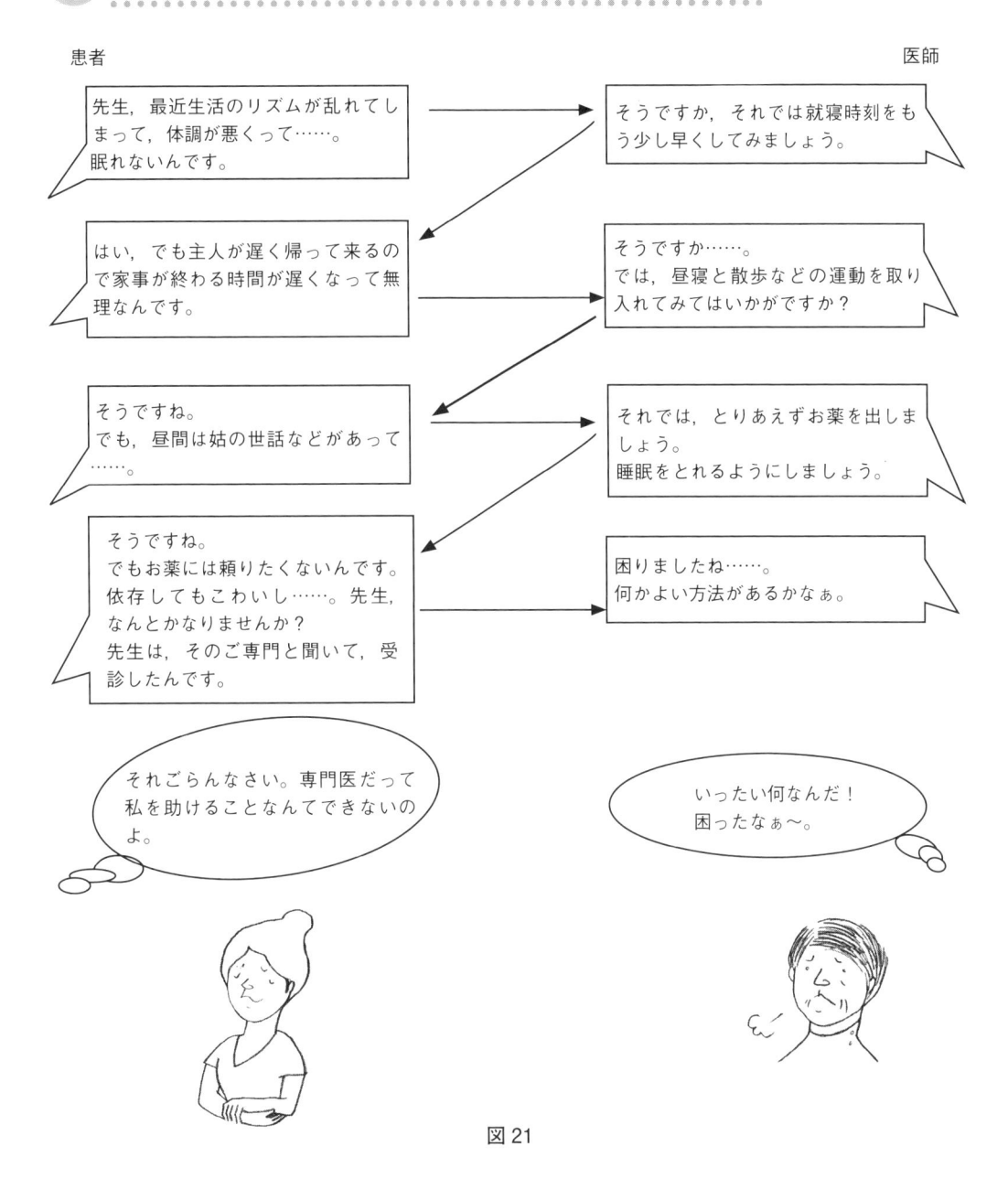

（患者の心の声）それごらんなさい。専門医だって私を助けることなんてできないのよ。

（医師の心の声）いったい何なんだ！困ったなぁ〜。

図21

　図21の患者のように医師のアドバイスに「はい，でも」と受け入れられない理由をくり返すことで，相手（医師）に怒りや無力感を感じさせているゲームです。

　患者は，困っていることを訴え，医師はなんとか助けようとします。しかし，診察を続けているうちに，患者は医師を批判しだします。そうすると，助けようと思っていた医師は患者の犠牲者となり，自分を値引き（ディスカウント）し「自分はだめな医師だ」と思いはじめます。

Ⅳ　ゲーム分析　53

7. ゲームを打ち切るには

ゲームの扱い方に次の2つがあります。

・相手から挑発してくるゲームにのらないように対応策を講じる。
・自分自身がゲームを演じないようコミュニケーションのあり方を身につける。

では，ゲームからの脱却や予防にはどのような方法があるのでしょうか。

① 交叉的交流を用いる

すべてのゲームは，隠れた相補的交流ですので，相手をAの自我状態に入れて交流を交叉するとき，ゲームを打ち切ることができます。事実に関する質問をして，間を置くようにするのです。☞交叉的交流（p.26）

例）
When:「いつごろからそうなったのだろう」，Who:「誰がそういったのだろう」，Why:「なぜそうなったのだろう」，What:「何がいけなかったのだろう」，How:「どのようにして，そうなってしまったのだろう」と5W1Hで考えてみるのです。

② ネガティブストロークに強く反応しない

ネガティブストロークには，相手を陥れようとする意図が隠れています。そこで，Aで冷静に受け止め，事実の確認をします。相手の挑発するような言動（批判的なコメント，不機嫌な態度など）に感情的な反応をしないようにすることが大切です。

例）
「いつも私ばっかり怒られている」
→「あなたには，そう感じられるのですね」「どんなときに，そのように感じるのかしら？」

③ ラケット感情をストロークしない

ラケットは，「慢性で定型化された不快感情」と定義され，幼児期からのゲーム形式過程で，ゆがんだ形でストロークを得るために身につけたものです。そのため，ラケットにストロークを与えると，ゲームはますます強化されることになります。自分自身がゲームを演じないようにするには，ゲームがもたらす，後味の悪い不快な感情（ラケット感情）に直面し，それを捨てる決断と計画を実践することです。

例）
子どものころ，自分の思うようにならずふてくされていると，「元気ないわね」「おやつあるわよ，食べる？」と母親から声をかけられる経験をくり返していたとします。すると，大人になっても，周囲に同じような対応を求めることがあります。そのときに，大人のAを働かせ，「どうしたら現在の状況を解決できるのだろう」「自分はどうしたらいいのか」と考えることがゲームを打ち切る糸口になります。

また，対応する人は「何をしてもらいたいのかな？」と，いったん問題を相手に返すのです。
  ④　非生産的な時間を費やさない

　生活習慣などの改善等により，心身をベストの状態にし，非生産的な時間を費やさないで，自分にとって有意義な時間を使うことです（☞時間の構造化，p.75）。また，ゲームに巻き込まれたときには，場合によっては適当なところで譲歩して決着をつけることも一案です。治療場面では，面接時間の取り決めなどの契約が設けられていますが，これもゲームを防ぐ方法のひとつかもしれません。

　例）
　延々と続く非生産的な電話がいつも同じ人からかかってきたとしましょう。
　⇒「今日は，15分くらい時間があるからお話ししましょう」
　⑤　Aを用いて，ゲームのからくりと結末を考え抜き，結末を避ける決断と計画を実践する
・相手の表面的な交流の裏に，どのような心理的な欲求が隠れているのか。
・この交流のプロセスで，心の中で自分にどのような言葉を発しているのか。
・不快な感じや考えがくり返し起こっていないか。
・それは，どのような形の結末を迎えるだろうか。
・結末には，どんな気持ちになるのだろうか。

　このように予測がつけば，それを避けるための方法を考えることがゲームからの脱却につながるのです。
  ⑥　日常生活で，ふだんから適応的な相補的交流を心がけ，ポジティブなストロークを相手に与える

　ゲームは，ネガティブなストロークを交換することが習慣化したために生じる一種の悪循環の状態といえます。それを断つためには，日常生活でポジティブなストロークを与える時間を作ることが大切です。治療場面でのポジティブなストロークにあたる治療者の言動は，カウンセリングの基本となる態度と同じです。
  ⑦　Aの姿勢をとること
　Aの姿勢とは

・体を落ち着かせるために，足を床に密着させる。
・腰かけるか立つかする。
・腕は組まずに体と平行した位置に置く。
・背中はまっすぐに伸ばす。
・頭を上げず，あごと床とを平行にする。

　理想的なAの自我状態とは，心身の弛緩と緊張のバランスが適度に保たれている状態といわれています。リラクセーション法のひとつである自律訓練法を身につけることも有効です。

8. まとめ

　ゲームは，表面的にはもっともらしい交流のくり返しのようにみえて，その奥に隠れた動機を伴い，しばしば破壊的な結末をもたらす交流のことをいいます。治療場面では，ゲームの法則・目的・結末についてTAの知識とともにクライエントを教育し，代替案（☞代替案，p.31）やゲームのからくりと結末を考え抜き，結末を避ける決断と計画を実践するという練習を通し，より建設的な対人コミュニケーションや生き方を選択できるように援助していきます。

　〈TAの理念〉
　1．他人と過去は変えられない。他人を変えるより，自分を変えるほうがはるかに生産的である。
　2．人は誰でも3つの「私（自我状態）」をもっている。
　3．私たちは自分の感情・考え・行動の総責任者である。

　1～3のように，相手を変えるより自分を変えるほうがはるかに有効であることがわかります。ゲーム分析は，過去を回顧するというよりは，未来志向的であり，教育的な要素を多く含んでいます。

ワーク5

図14のやりとりを思い出してください。このやりとりについて，考えてみましょう。

綾子　　　　　　　　　　　　　　　　　　　　　　　　　　　　　　　　　　　鮎子

- 就職活動がうまくいかなくて，悩んでいます。
- そうなの……。説明会には行ったの？
- 行ったんだけど，なかなかしっくりとくる会社がなくて……
- センスがいいから，服飾関係なんかはどうなの？
- そうね〜。でも職場環境が女性ばかりで，気を遣いそうだわ。
- そうなんだ。じゃあ，一般企業なんかがいいのかしら……ね。
- そうね。でも，それもね……，おもしろみがないわ。それに資格を何ももっていないし……
- そうなんだ……。何かいいところないかしらね。それじゃあ……パソコン検定でも受けてみたら？

（綾子の心の声）それごらんなさい。あなたは私の相談にのることなんてできないのよ。

（鮎子の心の声）ふぅ〜っ，疲れた……いろいろと親身になってあげているのに，結局何いってもむだね……

(1) 綾子さんの演じているゲームは何でしょう？

(2) 綾子さんの隠れた動機は何でしょう？

(3) ゲームに巻き込まれた鮎子さんはどのような動機をもっているのでしょう？

Ⅳ　ゲーム分析

（4）交流パターン分析により，このやりとりのベクトル（→）を書いてみましょう。

表面的交流

綾子さん　　　　　　　　　鮎子さん

P　　　　　　　　　　　P

A　　　　　　　　　　　A

C　　　　　　　　　　　C

裏面的交流

綾子さん　　　　　　　　　鮎子さん

P　　　　　　　　　　　P

A　　　　　　　　　　　A

C　　　　　　　　　　　C

結末の感情

綾子さん　　　　　　　　　鮎子さん

P　　　　　　　　　　　P

A　　　　　　　　　　　A

C　　　　　　　　　　　C

（5）鮎子さんにどのようなやりとりができると，このゲームを打ち切ることができるでしょう？

> 解 説

(1)「はい,でも (yes, but)」のゲーム
(2)「結局,誰も私のことをわかってくれないし,問題も解決できないのよ」という気持ち
(3)「なんとかしてあげたいのよ」
(4)

表面的交流　綾子さん　　　　　　　　　鮎子さん

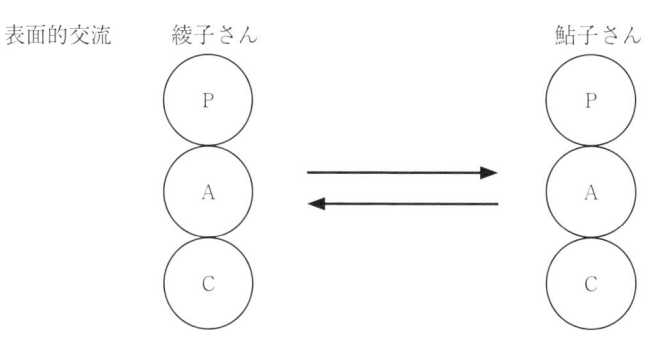

```
    (P)              (P)
    (A) ⇄            (A)
    (C)              (C)
```

　一見,相談している場面です。アドバイスに対する反応・応答なので,AとAの交流にみえます。

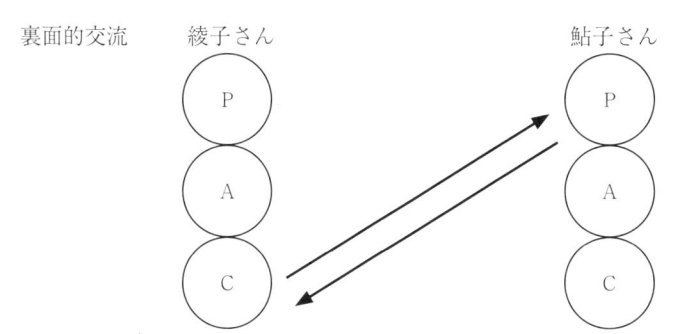

裏面的交流　綾子さん　　　　　　　　　鮎子さん

```
    (P)              (P)
    (A)              (A)
    (C)              (C)
```
（綾子さんのCから鮎子さんのPへの矢印、および鮎子さんのPから綾子さんのCへの矢印）

　鮎子さんの反応をみると,「私が何とかしてあげたい」というゲームをしているようです。しかし,綾子さんは,「いうとおりになるものか」と素直には受け取りません。

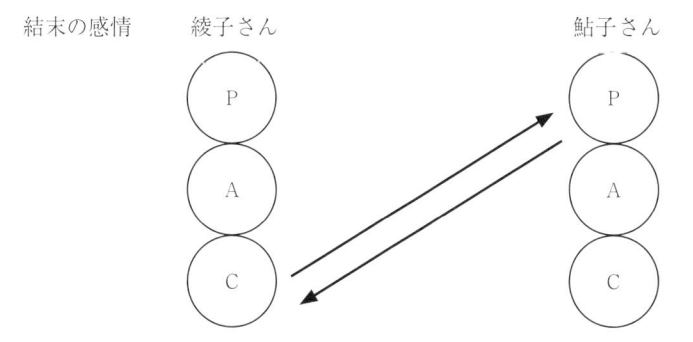

結末の感情　綾子さん　　　　　　　　　鮎子さん

```
    (P)              (P)
    (A)              (A)
    (C)              (C)
```
（綾子さんのCから鮎子さんのPへの矢印、および鮎子さんのPから綾子さんのCへの矢印）

　鮎子さん「せっかく相談にのってあげているのに」
　綾子さん「ほらね,やっぱり口だけ,どうせあなたには無理なのよ」

(5) ゲームを打ち切るには,まずは相手に問題を返しましょう。そして,自分自身のなんとかしてあげたいという気持ちに気づくことです。

V 脚本分析

カラー図版5参照

1. 脚本とは

　脚本とは，個人が幼児期の体験から無意識のうちに書き上げた自分自身の人生計画です。人生計画は幼少期に作られ，両親や周囲から補強され，その後に起こるさまざまな出来事によって確信され，完成します。バーン（Berne, E.）はこうした人生計画を**人生脚本**と呼びました。

　人生脚本の理論は，自我状態のモデルと合わせて，TA 理論の中心的な理論として位置づけられています。

　TA では，人は，自分の人生脚本がどのようなものであり，どのように形成されてきたかを理解することにより，適応的でない脚本であれば書き換えることによって適応的な自分らしい人生を送ることができると考えています。

　脚本は，人生の進行中のプログラムであり，個人の人生の最も重要な場面でどう行動すべきかを決めてしまいます。脚本は無意識のうちに形成されているので，しっかり気づいて変更しない限り，その指示を拒否することはできません。

2. 脚本装置

　脚本がどのように成り立っているかを考えるのが，以下に示す**脚本装置**です。

① 結末
② 禁止令
③ 誘発刺激
④ 対抗脚本
⑤ 行動範例
⑥ 脚本行動
⑦ 内的解放

　脚本装置について理解するために，具体的な例をあげて上記の①〜⑦を考えてみます。

> **事 例**

　幹夫さんは，現在32歳の男性です。

　高校を卒業後，小規模の建築会社に勤めました。いわゆる大工さんの仕事で親方について個人の家を造る仕事です。比較的器用で人当たりのよい幹夫さんは，親方にも重宝がられて自分でもまあまあと思う生活をしていました。ところが，20歳のとき，会社の経営がうまくいかなくなり，会社を辞めざるをえない状態になりました。親方から別の親方のところを紹介されましたが，しばらくして事故に遭い，けがをして3か月仕事を休まざるをえませんでした。けがが治って職場に復帰しましたが，そこには幹夫さんの居場所がないように感じて，そのうえ，けがの後遺症が出たりして仕事を休みがちになり，そこを辞めました。その後はいくつかの仕事を転々としましたが，なかなか長続きしませんでした。自分では，本格的に技術を身につけようと専門学校に通いはじめましたが，後遺症のせいか，めまいがしたり動悸が起こったりして集中できず，辞めてしまいました。その後も仕事はいくつかの建築関係の会社に入り，そこでも器用さから期待されることもあり，やる気になり，また，別の専門学校に入りましたが，なぜか長続きしませんでした。自分の仕事に充実感がないからだろうかと考え，専門的に資格を取ろうと夜間の大学を受験し，めでたく入学したのですが，やはり学期途中で辞めてしまいました。自分でも理由はわかりません。ただ，ときどき真剣に何かしようとすると動悸がして不安になり，続かないのです。いつも心のどこかで不安感がとれず，新しいことを始めようとすると不安感と恐怖感のようなものが起こってきてしまうのです。

　幹夫さんは，3歳のときにお母さんが病気で亡くなりました。職人だったお父さんは，仕事はできたようですが，幹夫さんの面倒はみることができず，幹夫さんはいつも放っておかれました。そしてお父さんは「おまえがいるから再婚もできない」とよく口にしていました。また，幹夫さんが何かしようとすると，「うまくできないに違いないからやめておけ」といつも馬鹿にしたように笑いながらいうのでした。そんなでしたから家は楽しいところではなかったのですが，それでも学校は好きで，友だちもいないわけではありませんでした。高校卒業までは成績もとくに悪くはなく大きな問題はないようでしたが，いつも心の中には虚無感と寂しさがあったようでした。

　この事例で幹夫さんの脚本をみてみると，「自分はいないほうがよい」「何もうまくはいかない」というもののようでした。
　脚本装置にあてはめてみると，

① **結末**としては，いつも必ずうまくいかなくなるというものです。
② **禁止令**は，「存在するな」「成功するな」でしょう。☞禁止令（p.94），拮抗禁止令（p.95）
③ **誘発刺激**としては，「がんばったって誰もほめてくれるわけではないし，やめたほうが楽だ」「がんばっても意味がないからやめよう」「どうせ長続きしないさ」というものでしょう。
④ **対抗脚本**は，拮抗禁止令としての「がんばれば存在してもよい」「親に逆らわなければ成功してもよい」による「がんばって充実感のあることをしよう」「お父さんに認められるように成功しよう」ですが，結局実際には脚本の進行に荷担するような結果になってし

まったようです。

⑤ **行動範例**は，多くは自分の親，とくに同性の親が対象になるものです。この事例での行動範例は明確ではありませんが，おそらく幹夫さんの父親も充実感のある適応的な人生を送ってはおらず，こんなはずじゃないのにと思いつづけていたのではないでしょうか。

⑥ **脚本衝動**ですが，幹夫さんは，いつもがんばろうとして何かを始めるのですが，結局，やり通すことができません。「いつもやっぱりだめ」にしてしまう衝動がどこかで働いているのでしょう。何かを始めようとするとそれを完遂させない心の枷があって，脚本を正当化するのです。これが脚本衝動です。

⑦ **内的解放**は，人を禁止令から解放し，脚本から自由にする力です。これまでの脚本のからくりに気づき，そこから本来の自分として自由な生き方を取りもどす力のことです。幹夫さんは，なかなか内的解放には至りませんでしたが，治療の中で徐々に本来の自分を取りもどしていきました。

図22は，幹夫さんの脚本装置を図式化したものです。

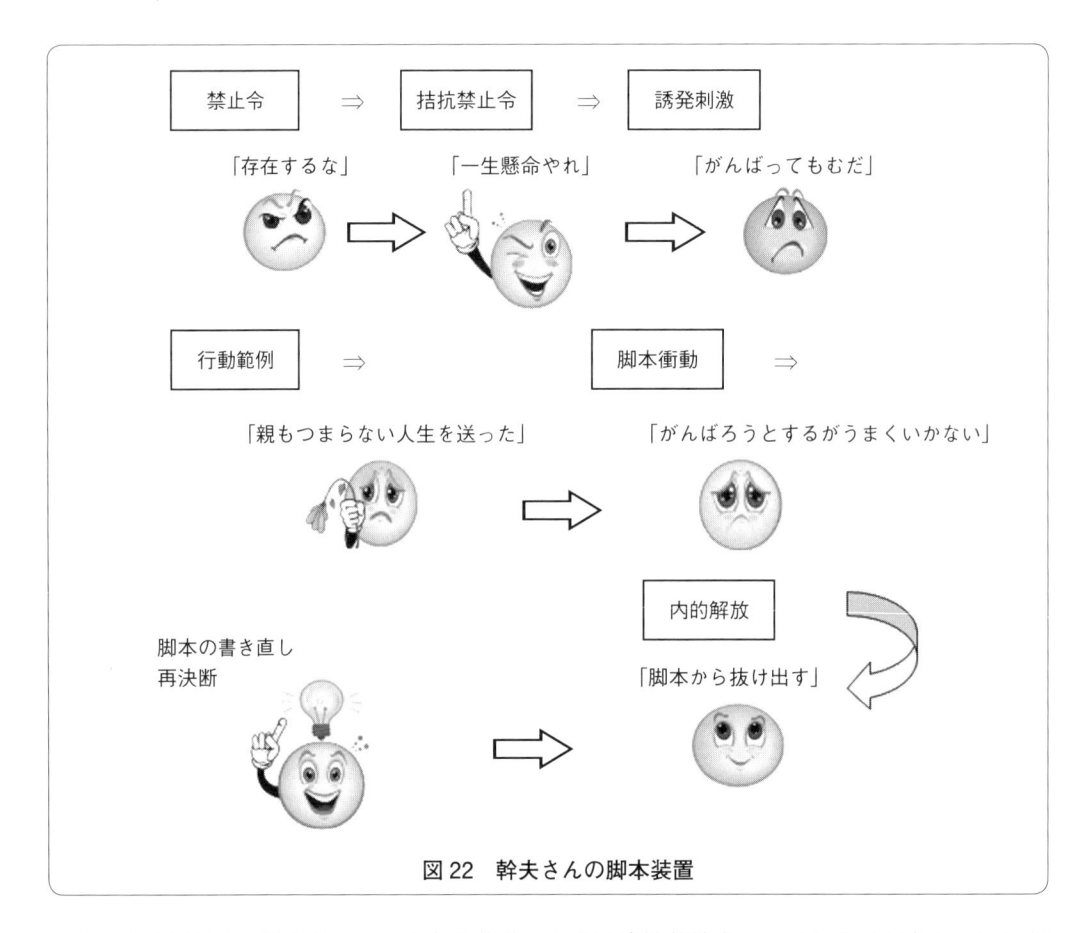

図22　幹夫さんの脚本装置

このように個人の脚本は，どのような体験，とくに感情体験をし，それを子どものころにどう受け取ったかによって，自分の人生計画を立ててしまうことなのです。

3. 勝者の脚本と敗者の脚本

　人は親からのメッセージで自分の人生を計画していくのですが，どの親も子どもをよりよく育てるためにいろいろなメッセージを子どもに向けて発信します。「無理をしないように」「人に迷惑をかけてはいけません」「自分勝手な行動は慎みなさい」など，誰でもいわれた経験はあるでしょう。そうした社会的に認められているようなものは人が社会に適応していくうえではむしろ必要なことです。それを適度に守りながら，自分らしく生き生きと生活できている人の脚本は勝者の脚本といえるでしょう。

　TAでは，人生脚本を①勝者の脚本，②敗者の脚本，③平凡な脚本の3つに分けます。勝者の脚本とは，生き方を自分で決め，目標に向かって力を尽くし，それを成し遂げるような脚本です。敗者の脚本とは，過去にとらわれていて，自分の生き方を自分で決められず，思うようにならないと責任転嫁しては不満だらけのような脚本です。平凡な脚本とは，勝てない脚本ともいわれ，大きな損失や失敗もしないかもしれないが自己実現には至らないというもので，何となくいまひとつな感じをもっている脚本です。

　たとえば，お金持ちではないけれど自分なりに倹約してエコを考えて充実感のある生活をしている人は人生の勝者と考えてよいでしょう。一方，学歴もあり社会的に認められる仕事をしてある程度の地位も得ているとしても，周囲の人とのコミュニケーションがうまくいかず，いつもイライラして不安を抱えた生活をしているとしたら，これは人生の勝者とはいえず敗者の脚本でしょう。

　親のメッセージが不合理なものであったり，ゆがんでいたりする場合は，敗者の脚本につながりやすいのです。たとえば，親が機嫌が悪いときに「あなたさえいなかったら……」とか「こんなことをするなら出て行きなさい」とか「このことは人様には絶対にいってはいけない」などというというものです。もちろんそのメッセージを受け取る子どもにもよります。そのまま受け取ってしまう場合もあれば，反対に上手にかわす場合もあるからです。いずれにしても，敗者の脚本につながるようなメッセージを受けていたかどうかは，大人になってからのその人の人生を左右するものです。

4. 脚本のでき方

　人は，自分が無意識のうちに作り上げた自分の脚本に沿って，自分の人生を歩むようになります。

　脚本は幼少期に作られますが，その始まりは幼児期の「**決断**」によります。☞幼児決断（p.96）

　幼い子どもは，親に見捨てられたら一人で生きていくことはできません。子どもは生き延びるために，親からの言語的あるいは非言語的メッセージを受けて，そのときの状況に合わせて決断をするのです。その決断は大人が決断するような現実吟味によって行われるのではなく，そのときの感情によって行われます。

Ⅴ　脚本分析

たとえば，不快感があってグズったとします。お母さんは不愉快な顔をして，「そんなにグズるならおいて行ってしまうわよ」といったとします。お母さんにおいて行かれたら生きていけません。不快感は不安として感じられます。そして，そのときごく早期の決断として「不快感があってもグズってはいけない，不安をなくすためにはじっと耐えなければならない」というように決断します。こうして，その子どもは不快感を表現しないようになります。そしてその決断に基づいた脚本が書かれます。「不快な感情を表現してはいけない」という脚本です。

☞禁止令（p.94），拮抗禁止令（p.95）

5. ストレスと脚本

　人は自分の脚本に基づいて行動しがちですが，とくにストレスにさらされたとき，それも子ども時代のストレス状況と似た場面になると，子どものころの感情体験を思い起こし，そのこ

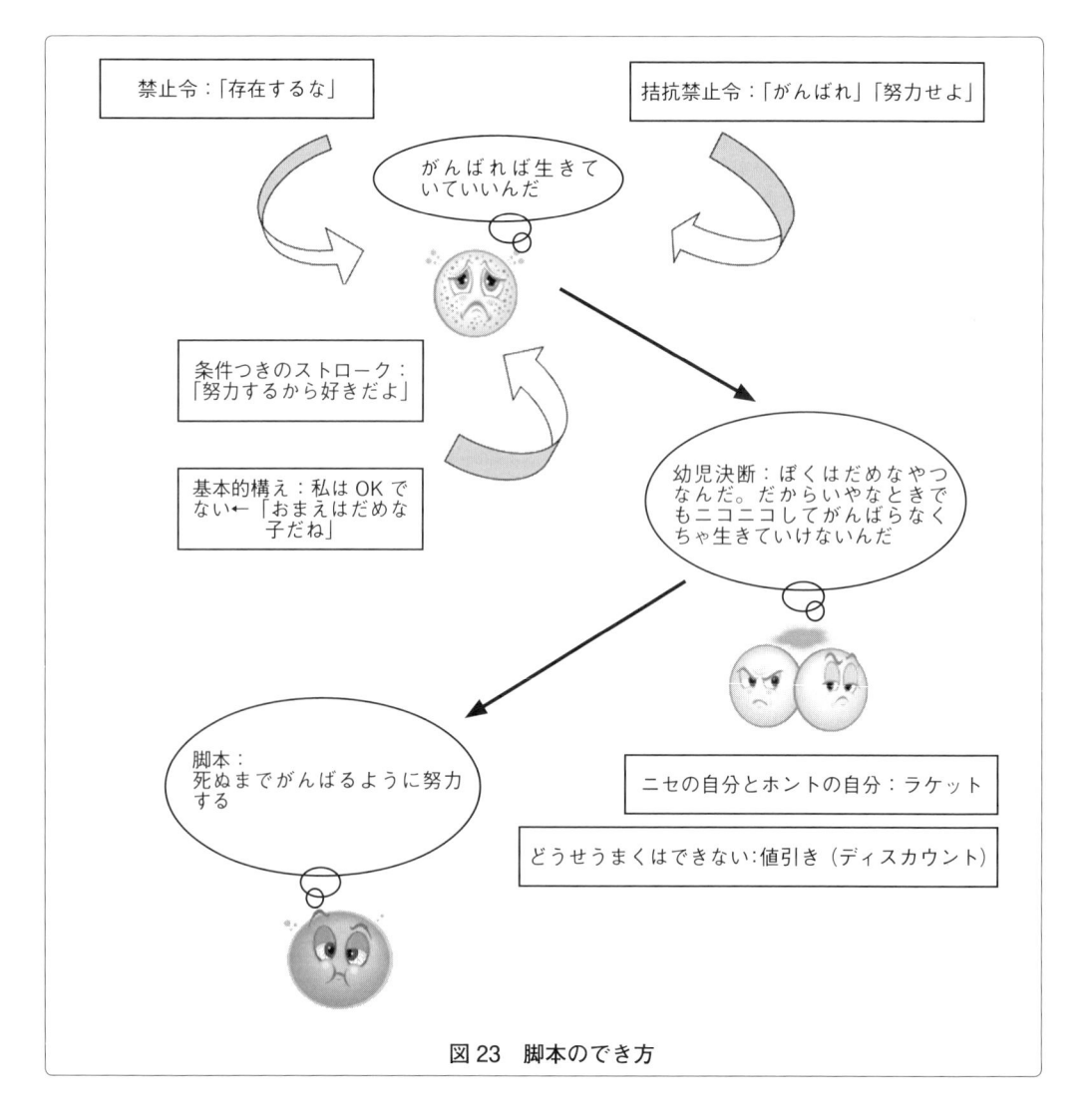

図23　脚本のでき方

禁止令：「存在するな」
拮抗禁止令：「がんばれ」「努力せよ」
がんばれば生きていていいんだ
条件つきのストローク：「努力するから好きだよ」
基本的構え：私はOKでない←「おまえはだめな子だね」
幼児決断：ぼくはだめなやつなんだ。だからいやなときでもニコニコしてがんばらなくちゃ生きていけないんだ
脚本：死ぬまでがんばるように努力する
ニセの自分とホントの自分：ラケット
どうせうまくはできない：値引き（ディスカウント）

ろにした決断にもどってしまいます。そうなるとネガティブな脚本に入り込んでしまいます（図 23）。

　脚本に入り込んでいるときは，この幼児期の決断にしがみついているのだと考えられています。これは生き延びるためのものであり，受け入れられるための最善の方法でした。

　ですから，子どものころにした決断に基づく脚本は，人の基本的な欲求を満たしてくれるものなのです。私たちは子どものころのこの決断を，大人になってもずっともちつづけています。そして，つらいとき，無意識のうちに，子どものころに用いていた方法で解決しようと試みるのです。

　たとえば，子どものころに親や周囲から愛されていないと感じるような体験をした場合，「自分は愛される資格がない」という確信をもったとします。そうなると「けっして人には愛されない」というネガティブな脚本をもつことになります。そういう脚本をもった人も，ふだんは何もなければ普通に過ごしています。ところが周囲の人がちょっと不機嫌そうだったり，ちょっとしたトラブルが発生したり何かでストレスを感じたりすると，自分のテーマが浮かび上がってきます。そして「自分はけっして人に愛されないのだ，嫌われているのだ」というイメージをくり返し思い浮かべ，悲しい，うつうつとした気分になってしまうのです。そしてそれを解消するために子どものころにしたような対応をしてしまいます。たとえば，「ふてくされる」「黙り込む」とか「泣きだす」「かんしゃくを起こす」などでしょうか。

　ストレス状態になったときには，その人の心に浮かんだ考え，認知療法でいう「自動思考」がどのようなものかを考えてみるとその人の脚本のテーマがみえてきます。

6. 脚本を書き直す

　人が，幼児のときに決断し，親によって補強され，思春期に書き加えられて，作り上げてきた脚本がネガティブなものであって，そのために生き生きと自分らしい生活をしていないとしたら，早くそれに気づいて，脚本を書き直す必要があります。そのままだとすると，ネガティブな人生を送ることになってしまいます。それは避けることが必要です。

　幼児期の決断を見直して，ある出来事，とくに感情的に混乱するような出来事に遭遇したとき，今，大人の自分がもっている資源すべてを駆使してその問題を解決するとしたら，どのようなことが思い浮かぶかを考えることが必要です。

　たとえば，子どものころ，何かをしてうまくいかなかったとき，「おまえは何をやってもできないね。本当にだめな子だね」といわれた場合，その人は「親に逆らわずに黙ってうつむく，一人で自分の部屋に閉じこもる」ことによってそれ以上親を刺激しないようにすることが，親に捨てられず生き延びる方法だったとします。彼の決断は「非難されても黙っていることだ」であり，脚本は「自分はいつも失敗して人の信頼を失う」となるでしょう。

　そのような脚本をもっている人が，仕事で失敗をして上司から注意を受けたとします。そうした場合，ストレス状態になったその人は，脚本に入り込み，「黙ってうつむく」「ふてくされる」「仕事を辞めてしまう」ということになります。

子ども時代の決断による行動ではなく，「今，ここで」，自分が現実的に考えられることは何なのか。子ども時代に親から見捨てられないためにした決断ではなく，「今，ここで」の決断を考え直すことが重要です。それによって，その事態にどのように対応するかが明確になり適応的な対処が可能になるはずだからです。☞再決断（p.97）

VI 4つの分析に関与する理論

1. ストローク

■ ストロークとは

英語の辞書でストローク（stroke）を調べると，「打つこと，一突き，ひと漕ぎ，なでる，さする」という訳が出てきます。TA では，そのような意味にさらに精神的な意味を加えたものになります。つまり，「私は，あなたがそこにいるのに気づいています」という相手の存在や価値を認めるようなさまざまな刺激をいいます。

たとえば，愛情遮断症候群（maternal deprivation）のように母親やそれに代わる人からの関わりを遮断された子どもは，心の発達に重大な影響を受けるという研究があります。ストロークは，私たちの心身の成長には欠かせないとても大事な刺激なのです。人間には人間関係を結びたいという社会的欲求があり，TA ではストロークという考え方で説明しています。そして，TA では，人はストローク交換のためにコミュニケーションを図ると考え，もし自分本来の有意義な時間が与えられず，十分なストロークがもらえない人は，欲求不満となり不快な感情が強まり，さまざまな不適応行動や心身の不調に陥ってしまうと考えます。

■ ストロークの種類

ストロークの種類には，ポジティブストローク（プラスのストローク）とネガティブストローク（マイナスのストローク）があります。さらに，それぞれには条件つきのストロークと無条件のストロークがあります（表2）。

表2　ストロークの種類

	身体的ストローク	言語的ストローク	無条件ストローク	条件つきストローク
ポジティブストローク（プラスのストローク）	なでる だっこする 抱きしめる	ほめる 微笑む 話をよく聴く	「勉強なんてできなくてもいるだけでいいの」	勉強ができるから好き 仕事ができるから好き いうことを聞くからいい子
ネガティブストローク（マイナスのストローク）	殴る つねる 仕事を与えない	悪口をいう 嘲笑する 欠点を非難する 「死ね」	存在自体がいや 「何もいいところがない」	「遅刻する君はだめだ」 「勉強しない子はよくない」 「いうことを聞かないから嫌い」

・ポジティブストローク（プラスのストローク）：肯定的な評価・承認・愛撫など人間にとって快適なストローク。相手に幸福感と喜びを与える。
・ネガティブストローク（マイナスのストローク）：「あなたはだめだ」のメッセージ。値引き（ディスカウント）。
・条件つきストローク：何らかの条件を満たしてようやくストロークが得られる。しつけや社会性にとって欠かせないが，これのみであると自分の本質そのものが否定される。他人の価値評価に左右され，自分を見つけられなくなる。条件がはずれたり取り除かれたりすると，パニックに陥ることもある。
・無条件のストローク：相手の人格と存在そのものに与えられる。見返りを求めず条件が一切つかないのでインパクトが強い。

事例

いつも成績が学年で1番の中学校3年生の昭夫君は，テストでは90点以下はとったことがありません。しかも，運動や音楽も得意でオールマイティの昭夫君は，クラスメートから一目置かれる存在でした。しかし，ある日，たまたま体調の不良で試験が思うようにできず，悪い成績をとってしまいました。昭夫君は，「もうだめだ，最悪な人間だ，価値のない人間だ，何もよいところがない」と思い，自信を失くし，無気力になり学校に行くのがいやになり，休むようになってしまいました。母親は，「今までよい子で学校でも目立つ存在だった昭夫だったのに，学校を休むなんて……いったいどうしたのかしら……」と戸惑うばかりです。そして，休みが続き体調不良を訴えてばかりいる，弱々しいわが子を見ていると，イライラしてくるのでした。昭夫君への言葉かけも減ってきてしまいました。昭夫君は思いました。「やっぱり，成績が悪く，休んでいる僕はだめなんだ。お母さんに愛される資格なんてないんだ……」。

実は，昭夫君は小さいころから，テストの点がよかったり，かけっこが他の子どもたちより速いとほめられ，お父さん，お母さんはうれしい顔をしていました。「お母さんは，他の誰よりも勉強や運動ができる昭夫はほんとに鼻が高いわ，大好きよ」「何でもできる昭夫は，わが家の自慢の息子だ」といつも昭夫君や親せきの前でいっていました。また，両親はよい結果を出したときには，昭夫君にごほうびをあげたりしてかわいがって育てました。しかし，今回のように失敗をしてしまったとたん，今までとはまったく違う昭夫君となってしまい，本人も周りの人もどうしてよいのかわからなくなってしまいました。このように，条件つきストロークのみでほめられていると，その条件が何らかのきっかで取り払われてしまうと，たちまちパニックに陥ってしまうのです。

■ ストローク飢餓

ストロークは人間が生きるためのエネルギーであり，心の栄養といえます。ストロークが得られることで生きる気力を保てるのです。ただ，ポジティブストローク（プラスのストローク）は，努力や積み重ねが必要で容易に得難いところがあります。そのためにポジティブスト

ローク（プラスのストローク）が得られないときはネガティブストローク（マイナスのストローク）を求め，あえてネガティブストローク（マイナスのストローク）を挑発する行動をとります。なかなかお母さんにかまってもらえない子どもが，わざといたずらや叱られるようなことをしてお母さんの注意を引こうとします。このようにポジティブストローク（プラスのストローク）が得られないならネガティブストローク（マイナスのストローク）でもよいからストロークを得ようとするのは，日常的にみられる一場面です。

　たとえば，弟や妹ができた子どもが，いたずらをしたり，おもらしが再開したりしてお母さんを困らせます。これもストロークが欲しいための行動なのです。学校や会社で，遅刻や忘れ物などの失敗をくり返したり，授業中に騒いでクラスメートや先生に迷惑をかけて叱られるというのも，ストロークが欲しいからなのです。

　このようにして，もしポジティブストローク（プラスのストローク）が不足していたり，ストロークがもらえないと，私たちはネガティブストローク（マイナスのストローク）を求めてゲームをして，こじれた人間関係に陥ってしまうのです（☞ゲーム，p.38）。そして，幼児期のストロークのあり方でその人の人生脚本も決まってくるのです。　☞人生脚本（p.60）

■ よいストロークを得る方法

① ストローク・フィルターに気づく

　自らが描いている自己イメージに合わせるためにストロークを受け取ったり拒否したりする固有のパターンをさします。それを**ストローク・フィルター**といいます。

② 貯金箱を空にしない

　TAでは，私たちはストロークの貯金箱をもっていると考えます。その貯金箱にストロークがどのくらい残っているかによって，相手に与えられるストロークの質や量が決まってきます。ポジティブストローク（プラスのストローク）の「預金残高」が底をつくと，疲労感や憂うつ感にかられて閉鎖的になっていきます。そして，閉鎖的になればストロークの交換が行われなくなるので，まったくストロークが入ってこなくなってしまうという悪循環に陥ってしまうのです。

　たとえば，子育て中のお母さんは子どもにストロークを与えても，与えるばかりの一方通行で，お母さんなら当たり前と，なかなか他人からはポジティブストローク（プラスのストローク）はもらえません。そうすると，お母さんのストロークの貯金箱は底をついてきます。そうなると，子どもへの優しいまなざしや言葉かけが減り，仕事で疲れて帰ってきた夫へのねぎらいの言葉かけも少なくなってきます。ストロークが欲しいのになかなかもらえません。そこで，お母さんたちは，ストロークを求めて外に出ます。公園デビューをきっかけにママ友とのおしゃべり，近所の奥さんたちとのたわいもない会話，仲のよい友人との長電話やメール……。これらは，お互いをねぎらうなどのポジティブストローク（プラスのストローク）の交換場所としては重要なのかもしれません。

③ ストローク経済の法則性を打ち破る

クロード・スタイナー（Steiner, C.）[16]博士はストロークのなかには5つの法則性があることを提唱しました。

〈ストローク経済の法則〉
① 与えるストロークをもっているときにストロークを与えるな。
② ストロークが必要なときにストロークを求めるな。
③ もしそのストロークが欲しくてもそれを受け取るな。
④ 欲しくないストロークを拒否するな。
⑤ 自分自身にストロークを与えるな。

コミュニケーションがうまくない人，落ち込みやすい人などはこの法則にのっとった思考，行動様式をとっているといえます。

では，ストローク経済の法則を打ち破るにはどうしたらよいでしょうか。率直で円滑なコミュニケーションを図るにはこの法則の反対の対応をするとよいでしょう。

① 与えるストロークがあれば，そのストロークを与えましょう。
② ストロークが欲しいときには，ストロークを求めましょう。
③ もしそのストロークが欲しければ，それをもらいましょう。
④ 欲しくないストロークは，受け取らないようにしましょう。
⑤ 自分自身にストロークを与えましょう。

■ ストロークの循環

私たちのストロークの貯金箱（心）にポジティブストローク（プラスのストローク）をいつも80％くらい維持できていると，生き生きと楽しい生活ができます。自分に自信をもつことができ，だいじょうぶだという感覚が身につきます。そうすると，いろいろな行動に積極的に臨むことができ，成功する体験も増えていきます。周りからもポジティブストローク（プラスのストローク）をもらうことが多くなります。そして，そのストロークをもらうことも上手になります。貯金箱には，さらにポジティブストローク（プラスのストローク）が増えて，周りの人へのストロークが増えていきます。このようにして，私たち自身のポジティブストローク（プラスのストローク）の貯金箱（心）の残高を減らさないようにしていると，ポジティブストローク（プラスのストローク）の循環が行われるのです（図24）。

幼いころからこのたくさんのポジティブストローク（プラスのストローク）をもらって貯金箱にためられる習慣があると，大人になってもポジティブストローク（プラスのストローク）を受け取りやすいのです。

---

[16] Steiner, C., 'The Stroke economy', Transactional Analysis Journal, 1, 3, 1971, 9-15.

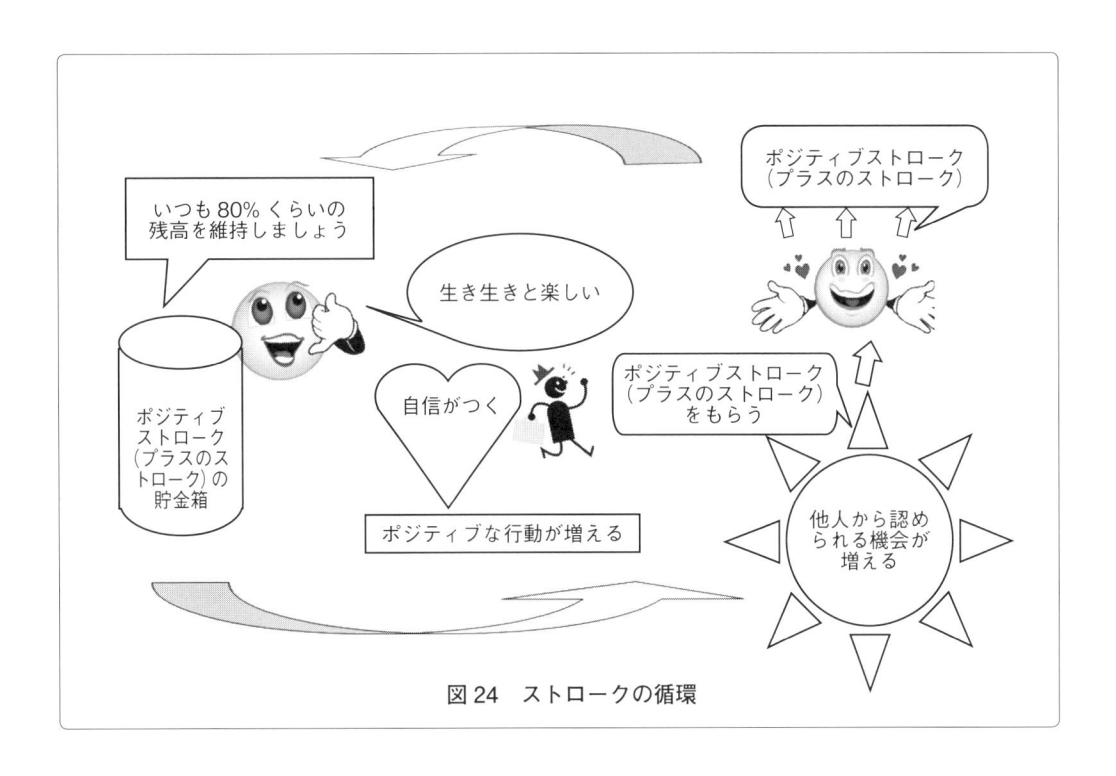

図24 ストロークの循環

ワーク6

(1) あなたの周りにいる人のよいところをたくさんあげてみましょう。

(2) あなたの長所はどんなところですか？

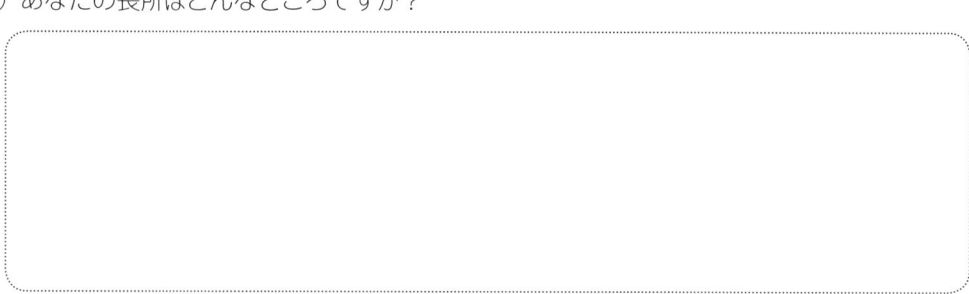

(3) あなたが欲しかったストロークをあげてみましょう。

(4) あなたのストロークの貯金箱はどのくらいたまっていますか？

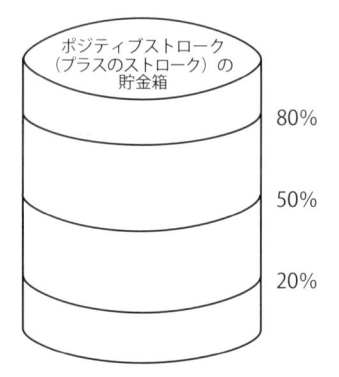

ポジティブストローク
（プラスのストローク）の
貯金箱

80%

50%

20%

解 説

(1) (2) (3)は，日常生活においてポジティブストローク（プラスのストローク）をためる方法のヒントです。

(1) まずは自分から相手にポジティブストローク（プラスのストローク）を与えてみましょう。ストロークは，もらうとあげたくなります。きっと，相手からポジティブストローク（プラスのストローク）が返ってきます。そのときには，絶対断ってはいけません。

(2) 自分自身にポジティブストローク（プラスのストローク）をあげることも大事です。
　長所というと，誰かに比べて優れているところを考えがちですが，そんなに難しく考えなくていいのです。あなたの「ウリ」です。
　たとえば，好き嫌いなくご飯が食べられる，仕事は遅いけれどミスは少ないなどは，ありふれたことと思いがちですが，りっぱな長所です。

(3) 子どものころ，両親からもらいたかったストロークがあるかもしれません。また，それを要求できずに今日まで来てしまったかもしれませんね。
　そのような欲しかったストロークを今も欲しいと思って，いろいろなゲーム（☞ゲーム，p.38）をくり返しているかもしれません。
　そして，今ここで誰かから欲しいと思っているストロークを，ときには言葉に出して，「ちょうだい！」と要求してみることが大事です。

(4) ときどき，ポジティブストローク（プラスのストローク）の貯金箱の残高を確認してみましょう。
　ネガティブストローク（マイナスのストローク）を多くもらったり，ゲームをくり返している人は，もしかしたら残高が半分もたまっていないかもしれません。

　もう一度確認です。
① 与えるストロークがあれば，そのストロークを与えましょう。
② ストロークが欲しいときには，ストロークを求めましょう。
③ もしそのストロークが欲しければ，それをもらいましょう。
④ 欲しくないストロークは，受け取らないようにしましょう。
⑤ 自分自身にストロークを与えましょう。

2. 値引き（ディスカウント）と誇張

■ 値引きとは

値引き（ディスカウント）は，TAでは，問題解決に必要な情報に気づかずに無視することと定義されています。

日常生活の中で買いたい物が値引きされているとうれしいですね。でもTAでは，自分の前に起こっている問題をあらゆる資源を利用して能動的に解決しないで，受動的になってしまうことを値引きといいます。つまり，自分の能力や相手の能力，状況などを客観的にとらえないで安く見積もって，すなわち値引きして，起こった問題の解決に必要な資源を役立てようとしないことをいうのです。その値引きは意識的にというよりは気づかずにしていることが多いものです。

たとえば，何か問題が起こったときに，「どうせ，どうにもならないんだから」といって何もしないのは値引きの典型といえるでしょう。

その値引きに関連しているのが**誇張**です。たとえば人が自分の思うように行動してくれなかったとします。なんとかして自分の気持ちを伝えようとせず，相手はまったく無能だからいっても仕方がないと不満に思ったまま終わってしまうなどは，相手の能力のなさを誇張し（大げさにとらえ）「まったく無能」ととらえて何もしないということになります。

■ 値引きの受動的行動

値引きの受動的な行動は4つあげられます。

① 何もしないこと
② 過剰適応
③ イライラ
④ 無能または暴力

「何もしないこと」は，自分の能力を値引きして，どうせいいたいことはうまく伝えられないからと何も相手にいわないことなどです。相手を値引きして，いってもわからないだろうからといって何もいわないのもこれにあたります。

たとえば，育児に忙しい妻が夫に家事を手伝ってほしいと思うのに，いってもどうせ夫はちゃんとできないからと，きちんと説明して頼むこともしないでふくれっ面をしているということなどは，受動的行動の「何もしないこと」にあたります。

「過剰適応」は，受動的行動でも「何もしないこと」とは少し違ってみえます。たとえば，人の気持ちを勝手に解釈して相手が望んでいないことをするようなことです。能動的な行動にみえますが，実は相手に合わせることばかり考えていて自分が主体的に行動しているわけでは

ないのです。過剰適応をしている人は，もっと適応的な代替案を用いて相手との人間関係をスムーズにするという自分の能力を値引きしているのです。これには，夫が望んでいるわけでもないのに，妻が無理をして家事を完璧にしてくたくたに疲れてしまうような場合があてはまります。

「イライラ」は，なんとか解決したいことがあっても，それに対して適切な行動をとらず，ただ「イライラ」してそこにいることをさします。これは，問題を解決するためにエネルギーを向けて能動的に行動する代わりに，エネルギーをイライラ行動に向けているのです。

たとえば，部下が思うようなレポートを提出しなかった場合，それについてちゃんと問題点を指摘して指導せずに，「何て無能なんだ」と心の中でつぶやいてイライラするような場合がこれにあたります。

「無能または暴力」は，何か事が起こるとその解決のために何もせずに病気になったり，引きこもったりしてその問題を中断させようとするものです。話し合いがうまくいかない場合，倒れてしまうとかプイと自分の部屋へ入ってしまうなどがこれにあたります。あるいは，解決できそうもないと考えると暴力をふるってその問題から逃げようとするなども，能動的に解決をしないということから，ある意味で受動的行動といえます。話し合いがうまくいかないと机の上のものをひっくり返したりものを投げたり，相手に暴力をふるったりするのがそういった意味での受動的行動なのです。

こうした値引きは，大人（A）からの行動ではなく，親（P）や子ども（C）の脚本の信条を大人（A）の考えだと思い込んでしまっていることから起こります。

3. 時間の構造化

■ 時間の構造化とは

私たちは日中活動しているときの生活時間について意識的，あるいは無意識的に計画を立て日常生活を送っていますが，このように生活時間の計画を立案することを**時間の構造化**といいます。人間は刺激を求め，刺激を必要とする生き物です。この刺激，ストロークを効率よく得るために工夫されているのが時間の構造化といえるでしょう。どのような構造化を用いるかは個人のこれまでの成育環境と関わりがあります。

時間の構造化には6つの方法があり，私たちは常にひとつ以上の構造を活用し日常生活を営んでいます（p.77, 図25）。

① 引きこもり（自閉）

物理的，身体的にはその場に存在しているのですが，周りの人との交流を一切絶っています。
・他人といても心理的に他人を排除して一人になる。
・自分で自分自身にストロークを与えている状態で，他人とのやりとりがない。
・他人との交流が少ない，対立や葛藤も少ないことから，安全であるが，自らの世界に入り込むため現実世界から遊離する危険性がある。

例）大学の講義中に一人でほかのことをずっと考えて，ボーっとしている。

② 儀式

決められたやり方で予測されたなじみ深いストロークを交換することをいいます。

・形式的なやりとりで，そこからストロークを得ている人が多い。
・平行交流が中心で，その後の結末がある程度予測できる。
・日常的なあいさつや冠婚葬祭。

例）あいさつや習慣的なやりとり：「おはようございます」⇒「おはよう」。

③ 暇つぶし（雑談）

ある目標を達成するために行動することはありませんが，すでに終わっていることについての情報交換を行います。

・会話のガイドラインに沿い比較的害のない話題展開をし，ストロークを交換する。
・この構造が取り入れられないと，より深い関係を結ぶことが難しい。
・ストロークの濃度は濃くなるが，話の内容によっては受け取られないこともある。
・否定的ストロークも含まれる。

例）主婦の井戸端会議。

④ 活動・仕事

エネルギーが目標達成や課題遂行に向かった状態をさします。

・A ↔ A のやりとりが中心。
・結果からストロークが与えられることが多く，これをストローク源としている人は多い。
・「やり遂げるな」とのメッセージに影響される人もいる。
・仕事や問題解決に向けたやりとり。

例）仕事や勉強に熱心に取り組んでいる状態。

⑤ 心理ゲーム

結果が予測される一連の裏面的交流を伴った相補的交流となります。

・濃度の濃いストロークを交換できる。
・自己，他人を「not OK」とする交流で，こじれる人間関係のもとになる。
・ほとんどが刺激的なネガティブストローク（マイナスのストローク）。

例）夫婦げんか。

⑥ 親密さ

信頼感を基盤とした，社交的レベルと心理的レベルのズレのない交流。

・非常にリスクが高いが，最も報われ癒される構造化の方法。
・オープンで正直に信頼関係の中で本物の感情や考えを表現できる。
・最大のストロークを産出するが，それを予測できず危険なものとして避ける傾向がある。

これらすべてにポジティブな（プラスの）点，ネガティブな（マイナスの）点が存在するため，ひとつの構造に偏りが生じないように用いることが重要です。

ストロークの濃さ
薄い
↕
濃い

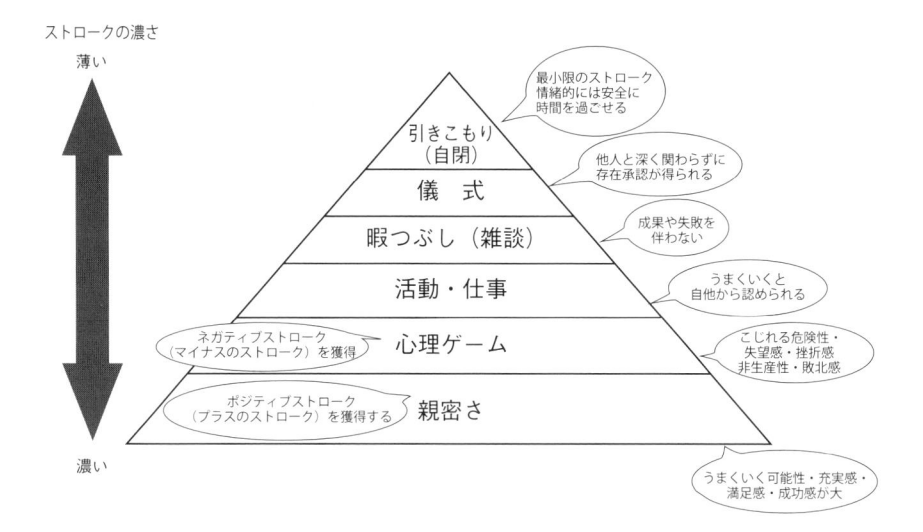

ピラミッド図（上から下へ）：
- 引きこもり（自閉） — 最小限のストローク　情緒的には安全に時間を過ごせる
- 儀式 — 他人と深く関わらずに存在承認が得られる
- 暇つぶし（雑談） — 成果や失敗を伴わない
- 活動・仕事 — うまくいくと自他から認められる
- 心理ゲーム（ネガティブストローク（マイナスのストローク）を獲得） — こじれる危険性・失望感・挫折感・非生産性・敗北感
- 親密さ（ポジティブストローク（プラスのストローク）を獲得する） — うまくいく可能性・充実感・満足感・成功感が大

図25　時間の構造化

自分の生活時間を，対人交流をめぐっていろいろとプログラム化する。

ワーク 7-1

N子さんとO子さんが，女子だけの飲み会（いわゆる女子会）に参加した2時間です。どのようなストロークの交換をしたかをみてみましょう。

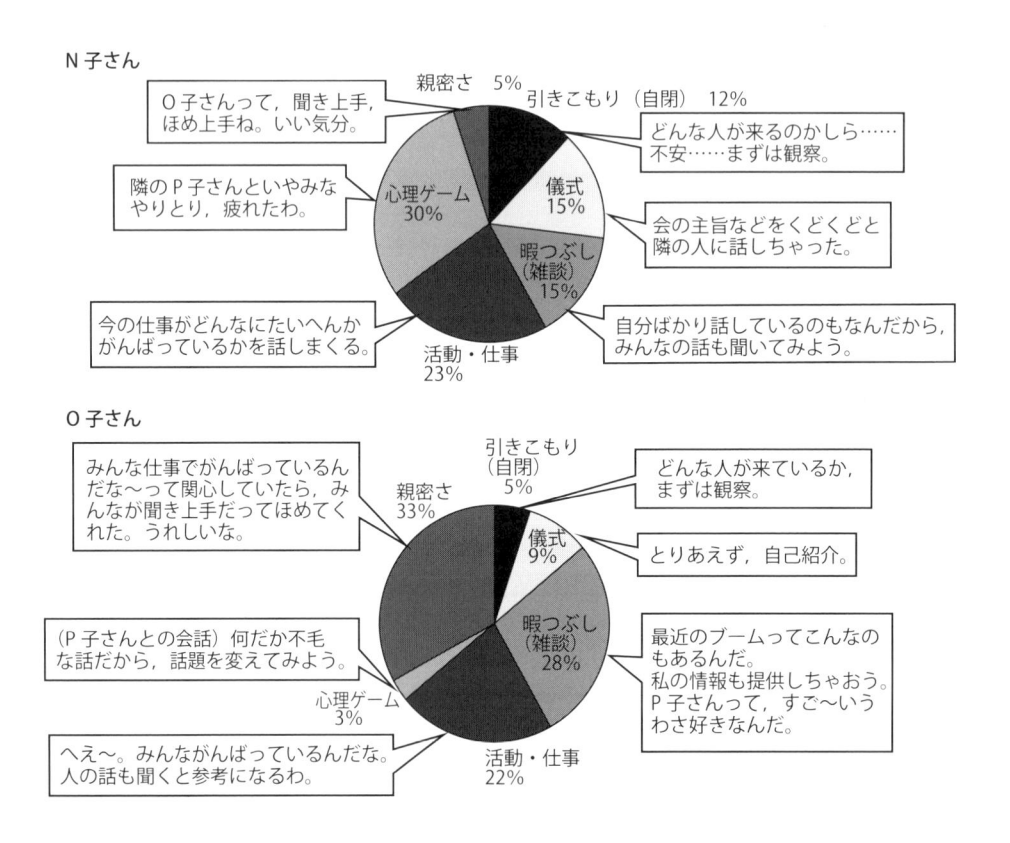

N子さん

- 親密さ 5%
- 引きこもり（自閉） 12%
- 儀式 15%
- 暇つぶし（雑談） 15%
- 活動・仕事 23%
- 心理ゲーム 30%

吹き出し：
- O子さんって，聞き上手，ほめ上手ね。いい気分。
- 隣のP子さんといやみなやりとり，疲れたわ。
- 今の仕事がどんなにたいへんかがんばっているかを話しまくる。
- どんな人が来るのかしら……不安……まずは観察。
- 会の主旨などをくどくどと隣の人に話しちゃった。
- 自分ばかり話しているのもなんだから，みんなの話も聞いてみよう。

O子さん

- 親密さ 33%
- 引きこもり（自閉） 5%
- 儀式 9%
- 暇つぶし（雑談） 28%
- 活動・仕事 22%
- 心理ゲーム 3%

吹き出し：
- みんな仕事でがんばっているんだな〜って感心していたら，みんなが聞き上手だってほめてくれた。うれしいな。
- （P子さんとの会話）何だか不毛な話だから，話題を変えてみよう。
- へえ〜。みんながんばっているんだな。人の話も聞くと参考になるわ。
- どんな人が来ているか，まずは観察。
- とりあえず，自己紹介。
- 最近のブームってこんなのもあるんだ。私の情報も提供しちゃおう。P子さんって，すご〜いうわさ好きなんだ。

2人のグラフを見て感じたことを書いてみましょう。

ワーク 7-2

　あなたの一日（たとえば友人と過ごした旅行，仕事場での会議，デート中，家族と過ごした日曜日など）を思い出して，ストローク交換のためにどのような時間を使っていたかを円グラフに書いてみましょう。時間の構造化の，**「引きこもり（自閉）」「儀式」「暇つぶし（雑談）」「活動・仕事」「心理ゲーム」「親密さ」**の割合がどのくらいだったか，ワーク 7-1 にならって描いてみてください。

　そのときの居心地のよさや気分はどうでしたか？

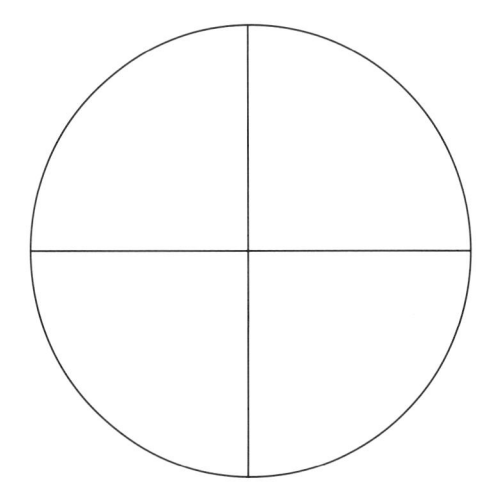

居心地のよさ

気分

> **解 説**
>
> 　日常生活で私たちがどのように時間を使っているか，時間の構造化の，「引きこもり（自閉）」「儀式」「暇つぶし（雑談）」「活動・仕事」「心理ゲーム」「親密さ」についてどの部分が多く，どの部分が少ないかによってその場の居心地のよさや気分が変わってきます。
> 　N子さんは，P子さんのゲームにひっかかり，いや～な気分の時間をたくさん過ごしています。
> 　しかし，O子さんは，P子さんのゲームにはのらず，P子さんが欲しがっていたストローク（おそらく，ほめてもらったり，注目されたいのかもしれません）をあげて，その場を回避しています。その後も，ポジティブストローク（プラスのストローク）の交換ができています。
> 　会の終わりでは，N子さんは「もう二度と，この女子会のお知らせがあっても行かないわ。疲れた……」，O子さんは「あ～，楽しかった」と思っていることでしょう。
>
> 　もし，その日一日，職場，学校や会議，旅行，特定の友人との会話で居心地の悪さやいやな気分に陥ってしまったときには，ワーク7-2のように6つの過ごし方の割合をふり返ってみてください。そして，あなたが「～したい」と思っている時間の構造化を行ってみて，できる限りでよいので，そのような過ごし方を実行してみましょう。

4. ラケット

■ラケットとは

ラケットとは，卓球やテニスで使う「ラケット」以外に，俗語ではかけ引きをしたり，詐欺などの不正な行為を意味します。TA において，本人にとって望ましくないストレス状況のときに，特定の感情が本人の本来の率直な感情を覆い隠し，あたかもその人の感情のようにして現れてくる，そのプロセスをラケット，それに伴う感情を**ラケット感情**と呼んでいます。ラケット感情は，ゲームやラケットに伴う感情であり，慢性でパターン化しているといわれていますが，ラケットはゲームとは異なり，自らお膳立てをし，あえてその不快感情を体験する過程をさしています。☞Ⅳ　ゲーム分析

事例

　厚子さんは，週末に旅行を計画していました。大事な会議を終わらせれば，週末は思い切りリフレッシュする予定でした。会議当日の朝に，旅行の準備をバタバタとしていて，会議の資料の最終チェックを行う時間がありませんでした。ようやく会社に着いて資料を確認すると，昨日，部下に修正を頼んでおいたのに，期待どおりには修正されていません。心の中でつぶやきます。「人は信用できない……なぜ自分でやらなかったのだろう」。いつも部下に遠慮がちに頼むので行き違いが起きてしまいます。ほんの瞬間，部下への怒りの感情がわいてきますが，すぐに笑顔を作り，自分で資料を修正しました。会議はなんとか無事に終わりましたが，資料が不十分であったことで後悔もあり，何か後味の悪さが残っています。そして，この後味の悪さは何度も経験している感情でした。

　ラケット感情は，幼いころに多く体験してきた感情で，「今，ここで」の状況に適応的な A の自我状態を機能させて解決することができない状況に現れます。ラケット感情を伴うラケットは，A の思考の形成よりも，もう少し幼いころに形成された脚本から行動するので，ラケット感情はまるで条件反射のように現れてくるといわれています。

　厚子さんは，幼少期から，感情を露骨に表すことを禁止されていたため，本当の感情を覆い隠すラケット感情である喜びが自分の感情であるかのように思っているのでしょう。おそらく厚子さんの本当の感情は怒りなのではないでしょうか。

　それでは，なぜ厚子さんのようにラケット感情を自分自身の本当の感情と感じるようになるのでしょうか？

　下に記すように厚子さんは，両親から承認されるには悲しみを表出するより笑顔でいることがいいんだ，と学習してきたからかもしれません。

　兄，厚子さん，妹の3人きょうだいで，お店をやっている両親はいつも忙しく，何か悲しいことがあっても「お姉さんなのだから，しっかりしなさい」といわれて育ってきました。ある日，幼稚園で友だちにいじわるをされて泣いて帰ってきたときも，「そんな顔でお店にいられては困るから，さっさと奥に入っていなさい」と悲しい気持ちを受けて止めてもらえませ

でした。それなら，早く涙をふいて，おやつでも食べて機嫌を直し，明るく元気でいるほうが，両親はお店でもかまってくれ，欲しいストロークがもらえ，周囲がうまくいきます。そんなことが何回か体験されるうちに，親に受け入れてもらえなかった寂しい感情や怒りの感情が入り混じった複雑な感情を感じた瞬間に，無意識に笑顔でいるようになっていったのです。

　この場合はラケット感情は「喜び（笑顔）」であり，本当の感情は「寂しさ」「怒り」ということになります。

　会社の出来事においても，部下を怒らず笑顔で対処したことで，少なくとも部下との摩擦は避けられました。しかし，部下を指導するという意味では，本来ならＡ的な態度で修正部分を示したほうが，厚子さんにも部下にもよい結果をもたらしたはずです。しかし，ラケット感情は，「今，ここで」の状況に適応的な対処ができるＡの反応に代わって現れるので，ここで厚子さんは，ラケット感情を体験し，実際の問題解決より脚本に沿った行動をするためにあえて環境を操作してしまうのです。　☞自我構造（p.24）

　人は，ラケット感情を味わうときは常に脚本の中にいるのです。

　ファニタ・イングリッシュ（English, F.）[17] は，ラケット感情とは異なる，そのときに感じる本当の感情を「**本物の感情**」（authentic feeling）と呼びました。交流分析における本物の感情には，怒り，悲しみ，おびえ（恐怖），喜びなどがあげられます。場合によっては，**身体的感覚**（疲労，眠気，空腹，痛み……）などもラケット感情に覆い隠されてしまうこともあり，命に関わる深刻な事態に陥ることも考えられます。

　「ラケット」と「ラケット感情」は混同されやすいので，定義を以下にあげてみます。

〈ラケット〉
　脚本化された行動の一組で，自分では意識しないまま環境を操作する手段として用いられ，その人のラケット感情の経験を伴うものである（Stewart, I. & Joines, V.）[18]。

〈ラケット感情〉
　いろいろなストレス状況で経験される，なじみの深い感情であり，子ども時代に学習され奨励されたもので，大人の問題解決の手段としては不適切なもの（Joines, V.）[19]。

■ **スタンプ**

　お店で商品を買うと500円につきスタンプを1個押してくれ，そのスタンプをいくつか集め，集めたスタンプの数に応じて好きな景品と交換できるというサービスがあります。

　このスタンプをラケット感情に見立てて考えてみましょう。

---

[17] English, F., 'Rockets and real feelings', Part Ⅱ ; Transactional Analysis Journal, 2, 1, 1972, 23-25.
[18] Stewart, I. & Joines, V., TA Today, 1991.
[19] Joines, V., 'Similarities and differences in rackets and games', Transactional Analysis Journal, 12, 4, 1982, 280-283.

こんな場面を思い浮かべてみてください。スーパーで並んでいたのに，横から割り込みをされてしまいました。本当は怒りを感じたはずなのに，笑顔で場所を譲ってあげている自分に10個分のスタンプが押されました。上司から理不尽に怒られて悲しいのに，反論もせずに不満を自覚せずに過ごしてくることで，スタンプの数は相当にたまります。

　景品交換のスタンプの使い方も人それぞれで，50個のスタンプがたまって小さい景品と換える人，大きな景品と換えるまで，がんばって何百個ものスタンプをためていく人もいます。

　ラケット感情のスタンプも同様です。列で割り込みされた怒りを自覚せず，帰宅して子どもに八つ当たりをして，スタンプを景品と交換してしまう人もいます。上司や先輩などからもらったラケット感情のスタンプをがんばってためて，何かのきっかけでたまったスタンプを辞職という形の景品と交換する人もいます。

　人はなぜスタンプをためるのでしょうか？

　バーン（Berne, E.）は，スタンプを現物化することによって，彼らがその脚本の報酬に向かって進むことができるからである，といっています。

　生き生きとした自己実現を確立していないような人々は，少しずつスタンプを景品と換えていき，友人や夫婦，親子で不適応を起こすことが多いでしょう。ちょっとした景品であれば，トラブルがあっても修正は可能であり，お互い傷つくことも最小限ですむ範囲でおさめられます。ところが，何年もスタンプを使わずため込んできた深刻な脚本をもつ場合は，離婚や辞職をして対人関係を壊してしまったり，病気を発症したり，自殺をはかってしまうような，大きな景品と交換することに至ってしまうこともあります（図26）。☞Ⅴ　脚本分析

　先の厚子さんも，毎回部下のミスに目をつぶり，自分で修正する機会が積み重なってくると，ラケット感情のスタンプがたまり，突然，切れて部下を攻撃することになるかもしれません。これは人生の構えとも関係しますが，「私はOKでない」の結果に至る報酬に向けてスタンプをためている，ということになるのでしょう。☞基本的構え（p.86）

　一方，「私はOK」「あなたもOK」の場合，一生懸命研究をしたり，あきらめずに努力してやってきたことで，自分の欲していた報酬を獲得できたならば，これは，健康的な脚本になります。

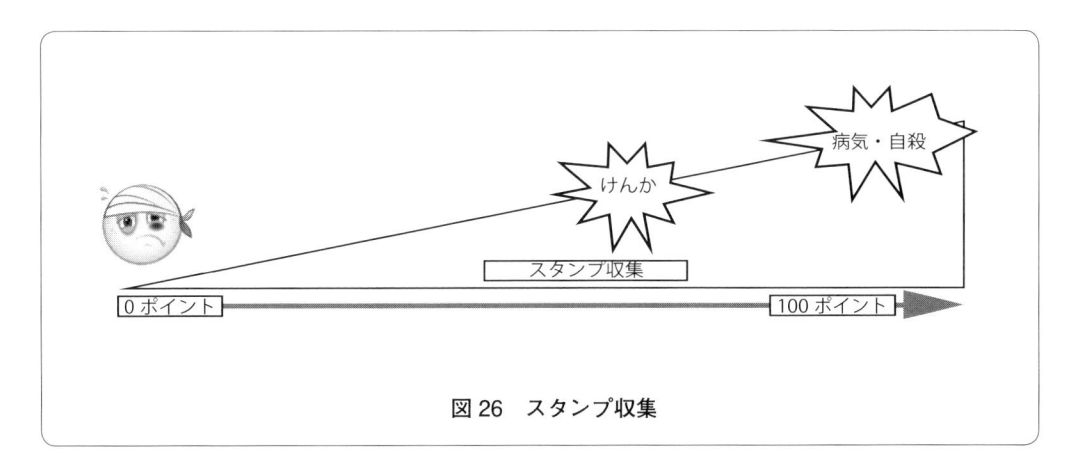

図26　スタンプ収集

ワーク 8

(1) 育夫さんは，会社である仕事を頼まれました。その仕事の経験もなく自信もなかったので一度は断ったのですが，やはり何事も経験だと思い引き受けました。ところが思った以上に難しく，結局失敗してしまいました。

　上司からは，怒られることはなかったのですが，「これは難しい問題が含まれているから○○に注意しないとできないよ」といわれてしまいました。

　育夫さんは，物事がうまくいかなかったことについては申し訳なかったと思いましたが，「上司は，注意事項がわかっていたのなら，最初からそのことを教えてくれるべきだろう」と思いました。

　こんなとき，あなたならどんな感情が浮かびますか？

(2) 良夫ちゃんは，友だちの和夫ちゃんを誘い公園で遊ぶことにしました。ところが，公園に行ってみると和夫ちゃんの友だちがほかにもいました。最初は3人で遊んでいましたが，そのうち和夫ちゃんとその友だちだけで遊ぶようになり，2人でどこかに行ってしまいました。良夫ちゃんは泣きながら家に帰ってきました。

　家に帰って事情を知ったお母さんは良夫ちゃんに何と声をかけたでしょうか？

> **解 説**
>
> 　ストレス場面において，自分がとっさに感じる感情はどんな感情でしょうか？
> 　困った状況のとき，養育者はどのようにあなたに声をかけてくれることが多かったでしょうか？
> 　これらのことを考えることで，自分のラケット感情をさぐることができます。
> 　本来自然にわき起こってくる感情（本物の感情）があるはずですが，本物の感情を表現したところ，養育者の反応が自分の欲しい反応ではなかったときに，ニセの感情（ラケット感情）を表現して，自分が欲するストロークを得るようになるといわれています。

5. 人生の基本的構え

■ 基本的構えとは

TAでは，親の養育態度や親から子どもへのメッセージ，親子のコミュニケーションを通して，個人の中に培われた自分と相手と人生に対する態度を**基本的構え**と呼んでいます。

生まれたばかりの子どもに対して，養育者はたくさんの愛情を注ぎます。子どもは愛情を注がれ，こんなに大事にされている自分はきっと大切な存在であるに違いないと，自分自身への信頼感が生まれます。そして，自分を愛し，守ってくれる養育者に対しても自分にとって大切な存在であり，信頼のできる人であると実感し，安心感がもてるようになってきます。

この状態を人生の基本的立場で説明すると，「私はOK，他人もOKという立場」にあるということになります。これは，エリック・エリクソン（Erikson, E. H.）のいう**基本的信頼感**と同じ状況です。

人は，初めての環境や対人関係の中では不安・緊張を感じますが，その基本的立場が自分の世界をできるだけ予測可能な状態に保ち，物事を決めて行動に移すときの枠組みになっています。また，行動したあとでその行動が正しかったと正当化するものにもなるといわれています。

```
・私はOK，あなたもOK
・私はOK，あなたはOKでない
・私はOKでない，あなたはOK
・私はOKでない，あなたもOKでない
```

```
OKとは……
　愛されている，安心感がある
　生きている価値がある，正しい
　優れている，役に立つ
```

```
OKでないとは……
　安心できない，無知である
　愛されるに値しない，弱い
　劣る，失敗する
```

図27　人生の基本的構え

基本的信頼感が確立している場合は，自他肯定（私もOK，他人もOK）の基本的構えを形成していきます。ところが，親が子どもの欲求に応じて適切な対応をしなかったり，拒否的な養育態度をとると，その子どもの人格は傷つき，その子どものCを基本とした健康的な自我状態の発達が阻まれることになります。TAにおいては，この自我状態の発達のゆがみが，基本的構えのゆがみとなってあらわれると考えます。

この心の構えは，そのときどきで，4つの基本的構えを動いていくものですが，子どもがいずれかの基本的構えをとると，成長とともにその基本的構えに沿うように，その後の脚本を構成していく傾向になるといわれています。

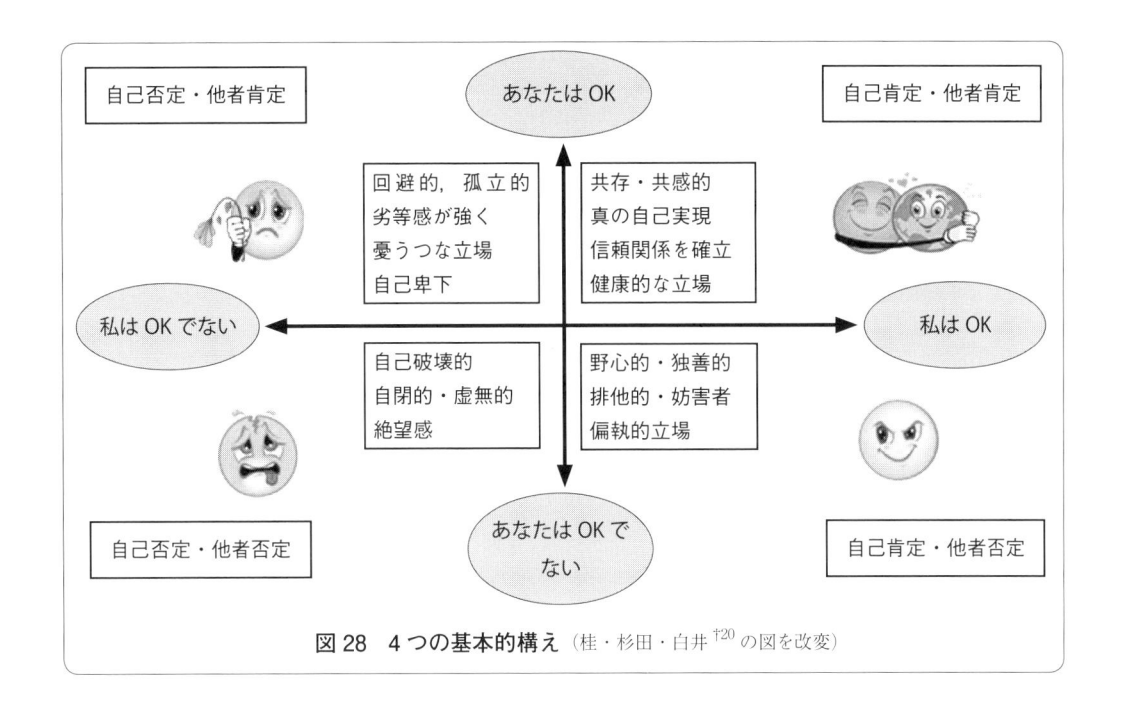

図28　4つの基本的構え （桂・杉田・白井[20] の図を改変）

以下，それぞれ具体的に事例をあげてみていきましょう。

[自己否定・他者肯定の静夫さん]

　静夫さんは，優秀な技術者です。たいへんな仕事もいやな顔もせず引き受けるので，静夫さんを悪くいう人はいません。ところが，納期が迫ってくると突然会社を休んでしまい，結局は同僚が静夫さんの仕事の穴埋めをすることになります。そして，静夫さんは結局，周囲の人は仕事がよくできて，自分には能力がないんだ，やっぱり自分はだめな人間なんだ，ということを実感するのです。

　　静夫さんの思考：人から頼まれた仕事は断れない。人からの評価が気になる。
　　　　　　　　　　自分にはこの仕事はこなせないと思う。自己評価が低い，自信がない。
　　　　　　　行動：仕事が間に合わないと会社を休み，その仕事から逃げ出す。

[自己肯定・他者否定の克夫さん]

　克夫さんを中心に，友人2人は幼なじみの高校生です。幼稚園時代からいつも一緒に遊んでいました。そばで見ていれば仲よしにもみえます。しかし克夫さんは2人に何でも指示を出します。一緒にテニスをやっていても，ルールや友人のフォームに対してもいろいろと意見をいいます。面倒見はよいのですが，自分が一番でないと不機嫌になります。僕のいうことを聞いていれば間違いがないのさ……という調子です。

---

[20]　桂戴作・杉田峰康・白井幸子『交流分析入門2』チーム医療　1984, 104

克夫さんの思考：自分は万能である。たいていのことはできるし，人の面倒までもみられる。
　　　　　　　　　自分に自信がある。
　　　　行動：人に対しては親切だが，何でも自分の考えを押し通す。

[自己否定・他者否定の糸子さん]
　糸子さんは，近所でもしっかり者の奥さんで有名です。自治会の仕事も家庭のこともすべて完璧にこなしています。家族も糸子さんがいなければ何もできないような感じです。ところが，休日になれば，夫は自分の趣味のために出かけてしまい，子どもたちもさっさと友だちと出かけてしまいます。平日ならまだしも休日になっても家族から取り残されている感じです。自分から趣味なども始めますが，途中でやめてしまい，何かに打ち込むことができません。気づくとほかの人たちからの発表会の招待を受け，自分には何もない，と感じるのでした。

　　糸子さんの思考：自分だけ人のために働いても，結局は何も感謝されない。自分の人生は価
　　　　　　　　　値がない。
　　　　行動：物事は完璧に行うが，満足することができない。引きこもり。

[自己肯定・他者肯定の重夫さん]
　重夫さんは，会社を定年退職し，その後も第二の就職先を探しましたが，なかなかよい就職先がなく，本来もっている技術を使うチャンスがありません。一時期はお酒を飲んで，人は自分を見る目がないと，ふてくされた時期もありました。しかし，自分がふてくされていても何も変わらない，もうすぐ生まれてくる孫のために元気なおじいちゃんでいたいと思うようになりました。今できる仕事を一生懸命やっていこうと思うようになり，そうしているうちに，会社の社長から，毎日でも来てほしいといわれ，今では，若い人の指導も任されるようになりました。孫が生まれ，長く仕事ができることや，孫と遊べることなど，ちょっとしたことですが，幸せを感じています。

　　重夫さんの思考：今できることを一生懸命やっていこう。自分にはいろいろなことをやりこ
　　　　　　　　　なす能力がある。物事を楽しんでいこう。ちょっとしたことに幸せを感じ
　　　　　　　　　る。
　　　　行動：自分に与えられたことを責任をもってこなす。

　すべてのゲームや脚本，運命のそれぞれが，人生の基本的構えのひとつをもとに展開されるといわれており，それは自分と他人に対する本人の思い込みであり，決断と行動を正当化するために使われています。
　自分の基本的構えは，どんなパターンでしょうか？　基本的構えは状況によって変化することもあるのですが，自分がどの構えにいることが多いか考えてみるとよいでしょう。

☞ワーク9-1，9-2，9-3

ワーク 9-1

　TA 学園で，文化祭に向けてクラスで出し物を決めることになりました。
　先生から，今週中に自分たちで企画を考え発表するようにいわれています。

　Q さんはクラスの皆での出し物がとても楽しみです。お芝居，コーラス，ダンス，模擬店などいろいろなことを考えて夜も眠れません。どれもこれもやってみたいのですが，なかなか考えがまとまりません。R さんも一生懸命，何か考えています。でも，どうせ自分が考えてもその案は通らないんだろうな，とちょっと弱気です。できれば自分がアレンジしたダンスをやりたいと思っています。S さんは，何が何でも劇をやりたいと思っています。自分が演出します。ほかに，ダンスやコーラスなどの案が出てくるのはわかっていますが，自分の考えた劇は絶対に人気があると思っています。T さんは，クラス全員が考えてくるようにいわれましたが，考えようとしません。しょせん，高校の文化祭では，やれることはたかがしれているし，何をやっても中途半端になるだろうな，と思っています。
　翌日，ホームルームで話し合いが始まりました。
　最終的には，Q さんが提案したコーラスが出し物として決定しました。

◆ Q さんは，「いろいろ意見があり不満をもっている人たちもいるけれど，最終的には皆，練習に協力してくれるのではないか」と思っています。
◆ R さんは，「……やっぱりね……やっぱり自分が考えたダンスは人には評価されなかったんだ。Q さんは人前で話すのも上手だし，人気もあるからな……」と，その日は元気なく過ごしました。
◆ S さんは，ふてくされています。みんなこの劇のよさがわからないのだろうと，ご立腹です。「自分にしかこの劇のよさがわからないのか……このよさがわからない人たちには説明しても仕方ない」と思うのです。
◆ T さんは，適当に一番手が挙がっていたところに，とりあえず挙げましたが，まったく関心がありません。「みんなこんなにムキになっても仕方ないのに……」としらけています。

この 4 人の基本的構えを考えてみましょう。
　Q さん　　私は（　　　　　　　　　　　），あなたは（　　　　　　　　　　　　）。

　R さん　　私は（　　　　　　　　　　　），あなたは（　　　　　　　　　　　　）。

　S さん　　私は（　　　　　　　　　　　），あなたは（　　　　　　　　　　　　）。

　T さん　　私は（　　　　　　　　　　　），あなたは（　　　　　　　　　　　　）。

Ⅵ　4 つの分析に関与する理論

ワーク 9-2

基本的構えは，一日の中でも，学校・職場・家庭などの場面によっても変化します。

自分自身で一日の基本的構えの特徴を分析してみましょう。

ここではフランクリン・アーンスト（Ernst, F.）の考案した「OK 牧場」の図を用いてみます。記入した図を「OK グラム」といいます。

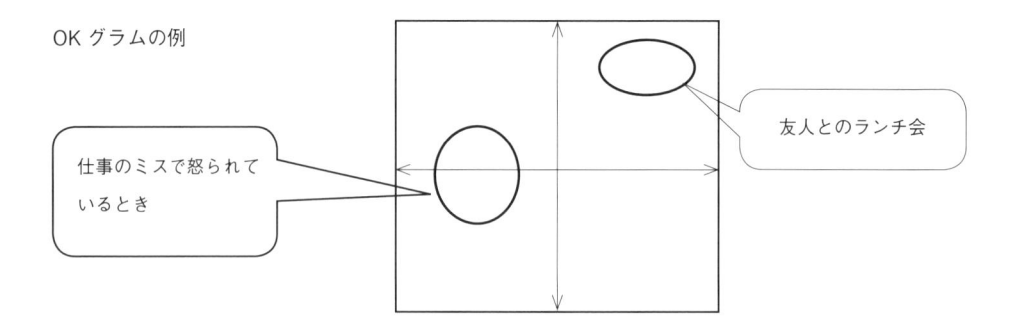

OK グラムの例

友人とのランチ会

仕事のミスで怒られているとき

例を参考にして，ある日の自分の OK グラムを描いてみましょう。

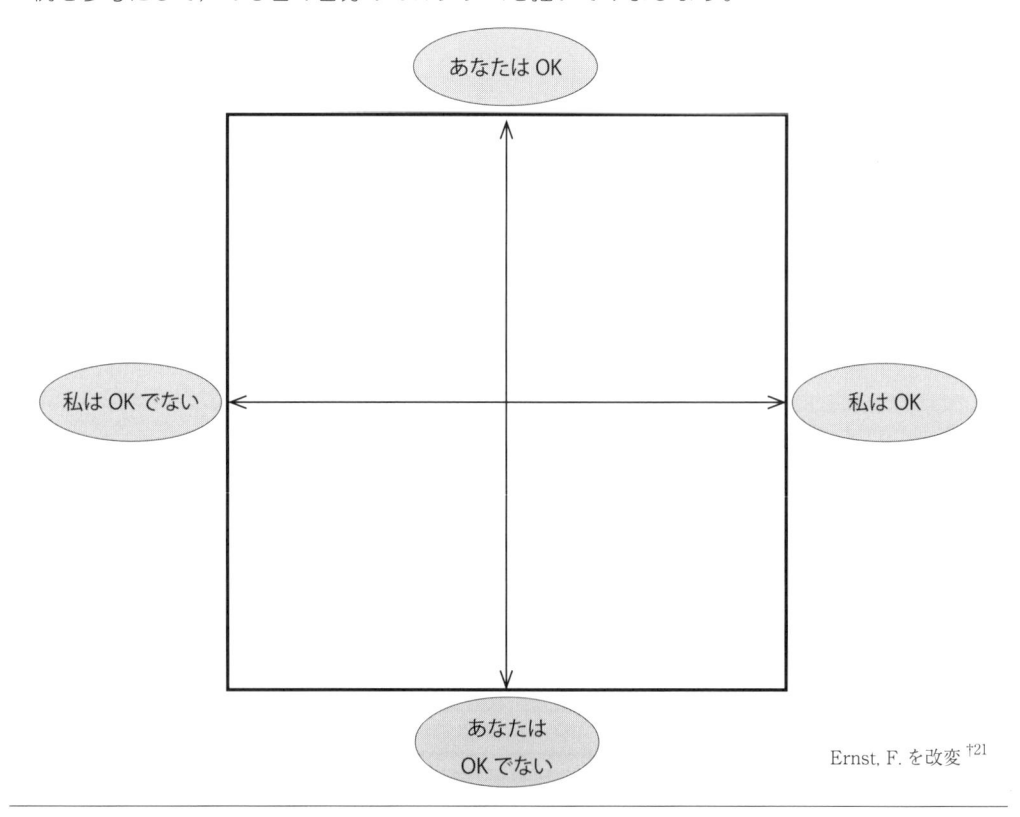

あなたは OK

私は OK でない ←―――――――→ 私は OK

あなたは OK でない

Ernst, F. を改変 [21]

---

[21] Ernst, F., 'The OK Corral: the grid for get-on with', Transactional Analysis Journal, 1, 4, 1971, 231-240.

●●●●●●●●●●●●●●● ワーク 9-3 ●●●●●●●●●●●●●●●

　久美子さんは，小学校の新任の先生です。3年生の副担任としてがんばっています。児童は元気でかわいいし，先輩の先生もよく指導してくれて，職場に恵まれているな，仕事はやりがいがあるな，と思っています。

　ある日，先輩の先生が出張で不在だったので，久美子さんが6時間目の学活の時間だけ担当することになりました。その日の学級会は，誕生日会で何をするかが議題でした。いつものように学級委員が司会を始めました。その日は雨降りで外遊びができず，児童たちも体力があり余っていて落ち着きがありません。話もまとまらず，立ち歩く子も目立ちました。一生懸命，児童を座らせようと大声で注意をしますが，余計にざわざわとして騒がしくなってしまいました。ついに話し合いがうまくいかず，いい争いを始める児童も出てきました。あまりの騒がしさに，隣の先生が様子を見にやってきました。

　児童たちは，隣の先生が来ると急におとなしくなりました。こんなにも児童たちの態度が違うものかと，久美子さんはショックを受けました。そして，やはり自分には学校の教師は無理なのかなと考えてしまいました。

(1) 以下の久美子さんの考えと基本的構えを組み合わせてみましょう。
　① 児童はかわいいし，教師の仕事はやりがいがある……（　　　　　）
　② このクラスの児童は落ち着きがないわ，人の話は聞くべきだわ……（　　　　　）
　③ 私は力不足でクラスをまとめることができないわ……（　　　　　）
　④ いくらがんばってみても報われない，続ける意味がないな……（　　　　　）
　ア．私は OK，あなたも OK　　　　　　イ．私は OK でない，あなたは OK
　ウ．私は OK でない，あなたは OK でない　エ．私は OK，あなたは OK でない

(2) 久美子さんの OK グラムを描いてみましょう。ア：6時間目が始まる前，イ：6時間目，ウ：6時間目が終わるころのア〜ウの時間で変化していますね。

☞ワーク 9-2　OK 牧場

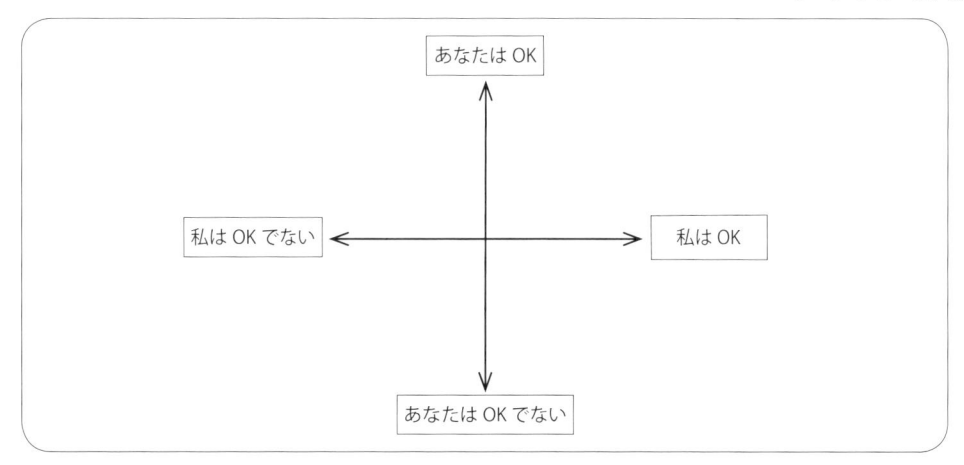

```
                    あなたは OK
                         ↑
                         │
    私は OK でない ←─────┼─────→ 私は OK
                         │
                         ↓
                    あなたは OK でない
```

Ⅵ　4つの分析に関与する理論　　91

> 解 説

ワーク9-1
　Mさん：私はOK，あなたもOK
　Rさん：私はOKでない，あなたはOK
　Sさん：私はOK，あなたはOKでない
　Tさん：私もOKでない，あなたもOKでない

ワーク9-2
① あなたはOK牧場のどの領域にいることが多かったでしょう？　どのような気持ちや考えが出てきましたか？
② 「私はOK」「あなたはOK」の領域にいるときにはどのような気持ちでしたか？

　皆それぞれお気に入りのなじみの領域があり，それは無意識に入ってしまうものです。これは自分自身の脚本と関係があります。

ワーク9-3
(1)　①　ア　　②　エ　　③　イ　　④　ウ
(2)　久美子さんの基本的構えは時間とともに変化していくことがわかるかと思います。
　　ア：私もあなたもOK　イ：私はOK，あなたはOKでない　ウ：私はOKでない，あなたはOK　という変化でしょうか。

　人は基本的構えのうちのひとつを基礎にして成長していくといわれています。久美子さんの中心となる基本的構えは，状況の認知の方法から考えて，「私はOKではない，あなたはOK」ではないでしょうか。

■ 基本的構えとエゴグラム

個人の基本的構えを予想するひとつの指標として，エゴグラムから把握していくこともできます。☞エゴグラム（p.16）

さきほど（p.87～88）の静夫さん，克夫さん，糸子さん，重夫さんの基本的構えをエゴグラムの形からみてみましょう（図29）。

① 自己否定・他者肯定のエゴグラム（静夫さん）

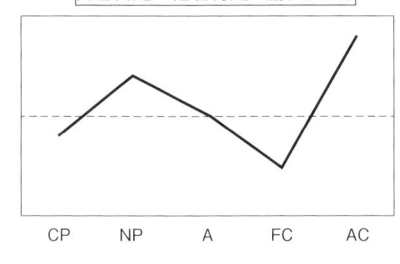

このエゴグラムの特徴は，NPとACが高い値であることです。まずは相手のために行動し，自己犠牲的な傾向があります。

② 自己肯定・他者否定のエゴグラム（克夫さん）

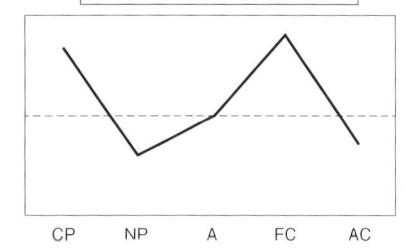

このエゴグラムの特徴は，CPとFCが高いことです。自分の考えが最も有効であると考え，他者への配慮に乏しい状態です。

③ 自己否定・他者否定のエゴグラム（糸子さん）

CP，ACが高く，NPは低い値です。自分の人生にも相手の人生にも価値がないと考える傾向があります。

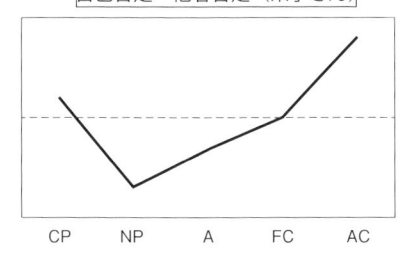

④ 自己肯定・他者肯定のエゴグラム（重夫さん）

このエゴグラムの特徴は，自分も相手も肯定していることから，NPが最も高い値であり，いわゆるNPを頂点とした山型を示しています。

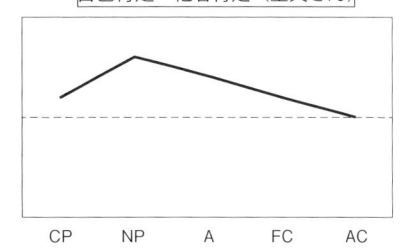

図29　基本的構えとエゴグラム

6. 禁止令

禁止令とは，脚本の形成に関係が深い親からのメッセージです。親が自分の「子どもの自我状態」から自分の不安や苦痛を感じたときに気づかずに子どもに発信するメッセージのことをいいます。

親の強い感情を伴って与えられた禁止令は子どものCの中に人生に対する基本的な決断を植え込んでしまいます。禁止令は，言語的なメッセージより非言語的なメッセージで発信されることが多いのです。

禁止令にはさまざまなのもがありますが，グールディング夫妻（Goulding, R. & Goulding, M.）があげた12の禁止令がよく知られています。

禁止令は，親から与えられるだけでなく，子どもの感情的思い込みから自分自身に与える場合もあります。

グールディング夫妻のあげた12の禁止令は以下のとおりですが，ほかにもいくつか禁止令としてあげられるものが考えられています。

① 存在するな
② 所属するな
③ 自分であるな
④ 成長するな
⑤ 子どもであるな
⑥ 考えるな
⑦ 感じるな
⑧ 何もするな
⑨ 成功するな
⑩ 近づくな
⑪ 重要であるな
⑫ 健康であるな

以上のような禁止令は，親が子どもに与えるメッセージとしては考えられないように思いますが，親の子ども（C）から無意識に発せられることが少なくありません。

言葉として伝えることはほとんどなく，無意識の態度や言葉の裏のメッセージとして伝えられるのです。

たとえば，小児器官支喘息の8歳の女児の例では，毎晩のように発作を起こして病院に連れて行かなければならないことですっかり疲れてしまった母親が「この子さえいなければゆっくり眠れるのに」と思ったとします。もちろんはっきりと言葉でいったわけではありません。ため息くらいだったのかもしれません。でも，女児にはその「存在するな」のメッセージはしっ

かり伝わったのです。その子はわざとのように母親を困らせることを続け，ネガティブストローク（マイナスのストローク）を積み重ね，親に愛想を尽かされるようになったのです。

また，26歳の女性教師は，男の子を熱望していた父親の期待に反して生まれた自分を認めることができませんでした。男の子のように育てられたこともありますが，「おまえであるな，女であるな」のメッセージを伝えられた女性は，性的アイデンティティも確立できないばかりでなく自分自身のアイデンティティももてず，一見教師として立派に社会適応しているように見えていながら不安で不安定な毎日を送っていました。

「所属するな」の禁止令の例として，親から「この子は変わっている」などといわれつづけた場合があげられます。子どもは自分が所属している場から外れている気がして，常に一人ぼっちのように感じてしまいます。

「成長するな」は，親が自分が不安で子どもを手放せない場合に子どもに送られるものです。親はよき親であることで自分を支えようとしますので，「お母さんの羽の下から出たらこわいことが起こるわよ」とメッセージを送ります。いつまでも母親とべったりの双子母娘といわれるケースはこれにあてはまるでしょう。ある15歳の少女はそうした母親のメッセージに応えるべく拒食症になり，大人の女性になるのを嫌悪するようになってしまいました。

「子どもであるな」は，子どもが子どもらしくのびのびとふるまうことを禁止したりする場合です。「お外ではちゃんとしなさい」「そんなに泣くのは赤ちゃんです」「お兄ちゃんなんだから静かにしなさい」などのメッセージは，言葉には表されない「子どもであるな」の禁止令といえるでしょう。

このように，親の無意識のメッセージが子どもに伝わり，その子どもの生き方を規定してしまいます。

すなわち，こうした禁止令がくり返されると，子どもの脚本の形成に影響を与えることになるのです。

7. 拮抗禁止令（対抗禁止令）

拮抗禁止令（対抗禁止令） とは，親のPから言葉によって発せられるメッセージで，子どものPの中に保存されているものです。親の信条やその家のモットー，しつけ，教訓のようなものです。たとえば，「努力しなさい」とか「正義は貫かなければならない」など，親が子どもに対して常識として言葉で伝えるものです。つまり，絶望的な脚本を形成させる禁止令に対抗して，脚本を阻止したり弱めたりする働きをもつものです。

たとえば，「存在するな」という禁止令に対して，「がんばらなければいけない」という拮抗禁止令が働くと，「がんばれば存在してもよい」という脚本ができ上がるのです。ただし，「死ぬまでがんばらなくてはいけない」という脚本になって，限界を超えるまでがんばってしまうという結果をもたらすこともあります。しかし，多くは脚本を阻止したり，弱めたりする働きをします。

8. ドライバー

拮抗禁止令の中で特別な働きをするものとしてあげられているのが**ドライバー**です。ドライバーとしては，次の5つがあげられています。

① 急げ
② 完全であれ
③ もっと努力せよ
④ 喜ばせろ
⑤ 強くあれ

これは日常何か行動しようとするときにとる行動であり，その人の脚本の全体をごく短い時間に表すものとされています。そのためドライバー行動はミニ脚本とも呼ばれています。

たとえば，「もっと努力せよ」のドライバーをもつ人は，「～しようとする」とか「努力する」という言葉をよく使うし，努力しなければならないと思い込んでいます。そのため，常に緊張感があり，心身に力が入りやすくリラックスしにくいのです。

こうしたドライバーも脚本に大きな影響を与えるものです。

9. 幼児決断

親の禁止令は，子どもの脚本の形成に大きな影響を与えるものです。しかし，すべての親の禁止令がそのまま子どもの脚本になるわけでもありません。受け取った禁止令にどう対処するかを決断するのは子ども自身なのです。禁止令をそのまま受け取ってしまう場合もあります。生き延びるために禁止令をうまく修正する子どももいます。また，禁止令を受け取ることを拒否する子どももいます。つまり，脚本を形成するのはその子ども自身の決断によるのです。ただ，幼児は無力な存在です。親から見捨てられたら生きていけないと思っています。したがって，親の禁止令，拮抗禁止令をはじめとするメッセージを敏感に感じ取って，親に見捨てられないように決断をしていきます。これが，幼児がサバイバルしていくための手段といえます。

決断は子ども自身のものですが，幼児の決断は大人の決断のように客観的で自分の能力を正当に評価して何が可能かを検討するものではなく，感情から決断してしまうものです。そのため，おうおうにして親の禁止令や拮抗禁止令の影響を受けてしまうことになります。その**幼児決断**が脚本形成に関わっているので，大人になってもその脚本から抜け出せないで日を送ってしまう人も少なくないのです。

28歳の女性は，子どものころから母親のストレス解消のターゲットになり何かとじゃけんにされていて，言葉で「おまえなんかいらない子」といわれていましたが，その母親に捨てら

れたら生きていけないと思って母親の顔色を見て育ちました。大学も卒業し，大手企業の技術者として働いている今も母親の態度に一喜一憂してしまいます。母親が理不尽なことをいってもそれに反発することができません。

「存在するな」の禁止令と「親のいいつけには従うべき」の拮抗禁止令から，「母親には逆らうと生きていけない」という脚本をもっているようでした。実際にそのように発言していました。そのため，一見，立派な社会人でありながら，うつ状態で生き生きとした生活をすることができない状態でした。

このように，生き方に不適応感を感じた場合は，脚本に影響を与える禁止令，拮抗禁止令とそれに基づく幼児決断を見直す（**再決断する**）必要があるといえるでしょう。

ワーク10

(1) 今のあなたの脚本のテーマは何でしょうか？
　この答えを見つけるには，いつも頭に浮かぶ言葉を思い出してみるとよいでしょう。
　よく頭に浮かぶ言葉は何ですか？　いくつかあげてみましょう。

　例)「私ってドジなのよね」「人生は，そんなにうまくは行かないものだ」「いまいちな感じがする」

　①

　②

　③

(2) あなたが，子どものころに決心したことはどんなことでしたか？

　例)「人一倍がんばらなくては」「他の人とは仲よくしなくてはいけない」「グズグズしていてはいけない，急ごう」「親のいうことを聞いていれば間違いない」

　①

　②

　③

（3）あなたがずっと生活の信条としてきたこと，あるいは座右の銘は何でしょうか？
　　今もこうしようと決めている信条は？

　　例）「人間はがまんが肝心」「座右の銘は努力」「人には負けない」

　　　①

　　　②

　　　③

（4）あなたが子どものころに大好きだった童話・昔話・物語や印象に残っているものは何ですか？

（5）タイムマシンに乗って，自分がもどってみたいころをイメージしてみます。たとえば，5歳のころの自分をタイムマシンから客観的に眺めてみましょう。
　　5歳のあなたが，何をしている場面ですか？
　　誰と一緒にいますか？
　　どんなことを考えていますか？
　　どんなふうに感じていますか？

> 解　説

(1) よく頭に浮かぶ言葉が,「何をやっても簡単にはうまくいかないものだ」だとすると, あなたの脚本は「人生はうまくいかないものだ」というものなのかもしれません。あるいは,「また, 人からいやな顔をされた」というものであれば,「自分は人から好かれない」というのが脚本のテーマかもしれません。

(2) 子どものころに決意したのが,「人一倍がんばらなければいけない」というものだとしたら, あなたの拮抗禁止令は「努力せよ」で, もしかすると禁止令は「存在するな」であった可能性があります。

(3) 生活の信条が「人には負けない」だとしたら, あなたの家の信条は「人に負けるな」で, これが拮抗禁止令なのかもしれません。

(4) 子どものころに好きだったり印象に残っている童話や昔話, 物語はあなたの生き方のモデルになっている可能性があります。冒険ものが好きだった人は新しいことを求めて冒険をする生き方をしている可能性があります。日常の何気ない生活を描いた動物ものが大好きだった人は穏やかで平凡な生活をしたいとその方向に自分を向けていく可能性があります。自分の好きだった物語の意味を考えてみると, 自分でも意識せずに自分の生き方を方向づけていることが多いものです。

(5) タイムマシンに乗って, 幼児のころの自分に会ってみましょう。
　子どものときには気づかなかった自分の決心や物事のとらえ方, 自分の考え方などがわかるかもしれません。それが, 大人の今考えても合理的なものなのか, 子どものそのときの感情からの考えだったのかを知ることができるでしょう。

10. ラケット・システム

　ラケット・システムは，人生脚本の成り立ちと，人が自分の脚本をいかに維持し，強化していくかをわかりやすく説明するモデルです。ラケット・システムの図を利用することで，脚本に縛られゆがんだ感情と思考と行動がいかに幼少時の感情体験や記憶に影響を受けているかが理解できるでしょう。そして，どうすれば脚本を修正できるか，その手がかりを探すことにも役立ちます。

　脚本は，未解決の感情をなんとかして説明するために，子ども時代に身につけた方法であり，個人が脚本の中にいるときは，自分自身，他の人々，および人生に関して，その脚本のやり方で信条を再演するといわれています。大人になってからもストレス状況にあるとき，自分の本当の感情を体験しないですむようにニセの感情を表出し，大人になった今もそれが真実であるかのように個人の脚本の信条を作り出します。　☞Ⅴ　脚本分析

　脚本の信条と感情は全体的にみて，Ａの複合汚染を意味すると想定しています。

☞自我構造分析（p.24）

　さきの厚子さん（p.81）の脚本を「ラケット・システム」から考えていきましょう。

　厚子さんの脚本は，「対人関係においては，いつもニコニコした顔をして自己主張をしないほうが，物事がうまくいく」です。

　お店をしていて忙しかった両親は，厚子さんに「いつもニコニコしておとなしくていい子だね」と笑っていました。何をいわれても喜んだ顔をして，黙っていることで物事がうまくいくような気がしていました。事例であげたような悲しいことがあっても，その感情を感じないようにしてきました。兄はユーモアも才能もあり家では大切にされています。父親も喜んで兄の話に耳を傾けるのに，厚子さんが主張したり，はっきり意見をいうと不機嫌になり，拒否されたような気分になりました。こんな感情体験が何度もくり返されているうちに，会話の中で，相手が不機嫌になってきたとき，自分に関心をもちつづけてもらうには，反対意見をいうのではなくニコニコして黙っていると状況が改善するということを学習してきました。

　ラケット・システムは，「脚本の信条と感情」「ラケット的表出」「強化記憶」という３つの構成要素から成り立っています。この本では，脚本の信条は，「人生の信念」と置き換えて考えていきます。

　図30（p.102），図31（p.103）は，厚子さんの場合のラケット感情やラケット・システムを表したものです。以下，項目ごとに説明していきます。

■ 人生の信念と感情
　幼児早期に決断した自分・他人・人生に対する思い込みとそれに伴う感情を示します。
　① 自分：自分は愛されない存在。私は主張してはいけない。
　② 他人：他の人たちは私が主張することを拒否する。

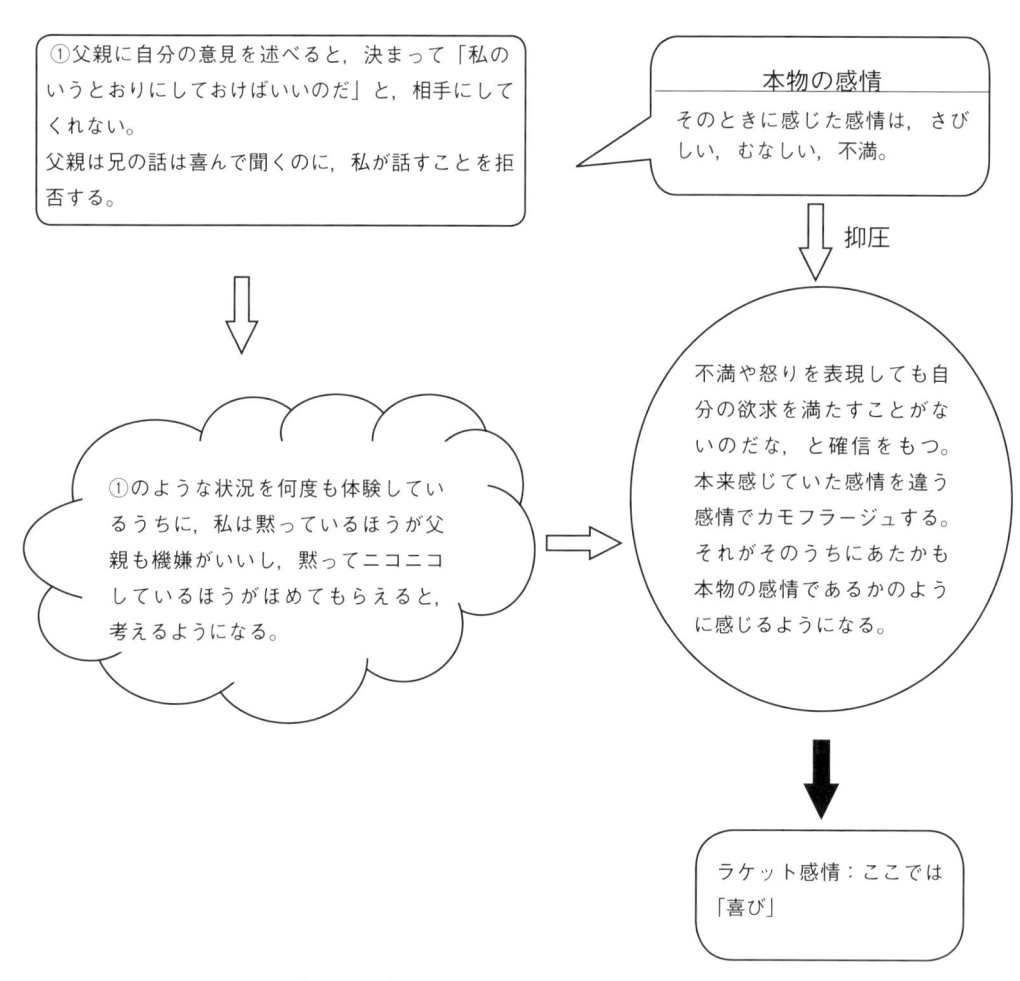

```
┌─────────────────────────────────┐                    ┌──────────────────┐
│①父親に自分の意見を述べると，決まって「私の│                    │   本物の感情     │
│いうとおりにしておけばいいのだ」と，相手にして│                    ├──────────────────┤
│くれない。                       │                    │そのときに感じた感情は，さび│
│父親は兄の話は喜んで聞くのに，私が話すことを拒│                    │しい，むなしい，不満。│
│否する。                         │                    └──────────────────┘
└─────────────────────────────────┘                              │ 抑圧
                │                                                ▼
                ▼
    ┌───────────────────────┐          ┌──────────────────┐
    │①のような状況を何度も体験してい│  ──────▶  │不満や怒りを表現しても自│
    │るうちに，私は黙っているほうが父│          │分の欲求を満たすことがな│
    │親も機嫌がいいし，黙ってニコニコ│          │いのだな，と確信をもつ。│
    │しているほうがほめてもらえると，│          │本来感じていた感情を違う│
    │考えるようになる。     │          │感情でカモフラージュする。│
    └───────────────────────┘          │それがそのうちにあたかも│
                                        │本物の感情であるかのよう│
                                        │に感じるようになる。│
                                        └──────────────────┘
                                                │
                                                ▼
                                        ┌──────────────────┐
                                        │ラケット感情：ここでは│
                                        │「喜び」          │
                                        └──────────────────┘
```

図30　ラケット・システムでみるラケット感情

③　**人生**：周囲の世界は思いどおりにはならない。楽しい場所ではない。

　喜んだ顔をして黙っていたほうが世の中は平和だと考えるようになり，セカンドベストを選択します。

　主張する ⇒ 悲しみ・怒りを表出しても自分の欲求を満たすことはできない。

　喜ぶ（黙る）⇒ 相手は受け入れてくれる ⇒ 自分の欲求が満たされる。

　厚子さんのラケット感情は，本当の感情「怒り・悲しみ・むなしさ」を抑圧して「喜び・楽しみ」で隠すものと考えられます。

■ ラケット的表出

　ラケット的表出は，人が脚本の中にいるときのサインのようなものとして，観察可能な行動，心的な経験（主に身体感覚）や空想などとなって表れるものです。

　厚子さんが脚本の中にいるときにはどのような状態になっているのか，ラケット的表出からみてみましょう。

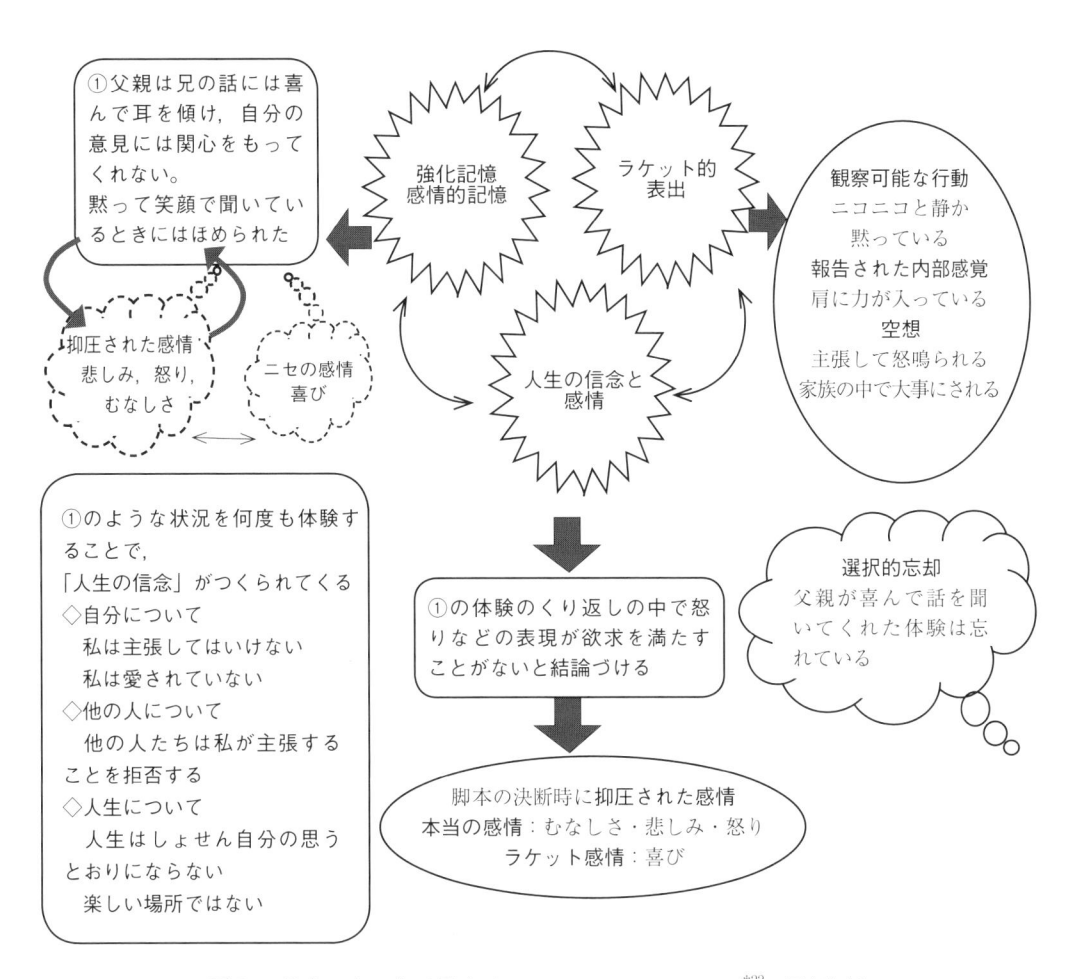

図31　ラケット・システム（Erskine, R. & Zaicman, M. J.[22]の図を改変）

図の内容：

- ①父親は兄の話には喜んで耳を傾け，自分の意見には関心をもってくれない。黙って笑顔で聞いているときにはほめられた
- 抑圧された感情：悲しみ，怒り，むなしさ
- ニセの感情：喜び
- 強化記憶・感情的記憶
- ラケット的表出
- 人生の信念と感情
- 観察可能な行動：ニコニコと静か　黙っている
- 報告された内部感覚：肩に力が入っている
- 空想：主張して怒鳴られる　家族の中で大事にされる
- ①のような状況を何度も体験することで，「人生の信念」がつくられてくる
  ◇自分について
  　私は主張してはいけない
  　私は愛されていない
  ◇他の人について
  　他の人たちは私が主張することを拒否する
  ◇人生について
  　人生はしょせん自分の思うとおりにならない
  　楽しい場所ではない
- ①の体験のくり返しの中で怒りなどの表現が欲求を満たすことがないと結論づける
- 選択的忘却：父親が喜んで話を聞いてくれた体験は忘れている
- 脚本の決断時に抑圧された感情
  本当の感情：むなしさ・悲しみ・怒り
  ラケット感情：喜び

① **観察可能な行動**：言葉・声のトーン・しぐさなど心の中の表出として観察できることを示す。
　例）いつも黙ってニコニコしている。

② **報告された心の内部感覚（身体感覚）**：人生の信念をいだいているときにどのような身体感覚を自覚することが多いかを示す。
　例）肩に力が入っていたり，何も感じない状態となる。

③ **空想**：人生の信念に合うように空想する場合がある。
　例）よいとき……相手が大いに喜び，もっと愛される。
　　　悪いとき……自分が発言したことで，相手を激怒させてしまう。

---

[22] Erkine, R. & Zaicman, M. J., 'The racket system', Transactional Analysis Journal, 9, 1, 1979, 51-59.

■ 強化記憶

人生の信念を確認するきっかけとなった出来事や，強化した記憶をさします。

例）兄と比較する：父親は兄が自由に自分の意見を主張することが楽しみのようで，兄は父親を喜ばすことができる。兄は才能がありユーモアもあって，家族の中では，兄は大事な存在で，私は重要な存在ではない。⇒ 悲しみ・怒り・むなしさを感じる。

このように脚本の信条を強化するような記憶をコレクションしていきます。
会話の中で，瞬間に相手の表情の変化を読み取り，悲しみ・怒り・むなしさを再体験します。そして即時的にその感情をラケット感情でおおい隠します。

■ 感情的記憶

本物の感情ではない，代わりの感情を感じるたびに，ラケット感情のスタンプを収集します。スタンプをためてどこかでそれを一度に使います。スタンプの現物化は，症状として表れたり，人とのけんかを頻発することかもしれません。いわゆるスムーズな交流ではない形で表現します。
☞スタンプ（p.82）

■ 選択的忘却

過去をふり返ってみると，父親が自分の話に喜んで耳を傾けてくれたこともしばしばあったのですが，そういう記憶については忘れていることが多いのです。
こういう記憶を認知するには自律的なＡの機能が必要ですが，Ａが汚染されているため偏ったとらえ方をしてしまいます。 ☞自我構造分析（p.24）

■「ラケット・システム」から抜け出すには

ラケット・システムにおいては，自律的なＡが機能していない状況にあり，新しい情報や経験を取り込むことができず，脚本を強化する情報だけを取り入れています。
この状態を抜け出すために，汚染されたＡの汚染除去を目的として，さまざまな側面からの介入が必要となりますが，システムのどのポイントからアプローチをしても，システムの流れを抑制し，脚本に変化を起こすことができるのです。
たとえば，緊張した身体感覚に働きかけるため自律訓練法などを行うことは，緊張感を解放することに役立ちます。
「今，ここで」での本物の感情が表出できるようになることが目的ですが，まずは本物の感情に気づくことが必要です。そして「本物の感情を表出してもだいじょうぶなんだ」と，客観的に自分のＡで判断できるような状態になっていくことが，ラケット・システムから抜け出すことになります。
ラケット・システムは図を眺めながら，クライエント自身が自分の脚本に気づき，どこを修正したらよいのか自身のＡを機能させて考えていくことに役立つものです。

ワーク11

ラケット・システムで用いる項目について考えてみましょう。

> あなたがいつも感じている自分に対しての信念はどのようなものでしょうか？
> 自分に対するイメージなどや，考え方の癖なども考えてみましょう。

> あなたがいつも感じている他の人についての信念とはどのようなものでしょうか？
> 他人が自分に対してどのように接してくることが多いか，人からはどう思われているのか，考えてみましょう。

> あなたがいつも感じている人生の信念とはどのようなものでしょうか？
> 生き方や対人関係，世の中，人生などのとらえ方によって人生の信念が変化します。

> 人生の信念のもとになった過去の体験として，どのようなことがくり返されたのでしょうか？
> 両親などがあなたに対して多く投げかけたメッセージなどを思い出してみましょう。

↓

ラケット感情：そのときに当たり前のように感じていた感情はどんなものですか？
ストレス時に決まってわき起こってくる感情は？
おなじみの感情は？

↓

本物の感情：そのときに感じていただろうと思われる本当の感情は何でしょう？

　　　　　　　　　　　ラケット感情を表出しているとき

身体の感覚はどんな感じですか？
知らない間に歯を食いしばっていませんか？
そのときの身体の状態を感じ取ってみましょう。

観察可能な行動はどうですか？
表情はどんな様子ですか？
落ち着きがないですか？

忘れている望ましい記憶はないでしょうか？
欲求が満たされた，大事にされた体験を思い出しましょう。
ラケット・システムの修正に役立ちます。

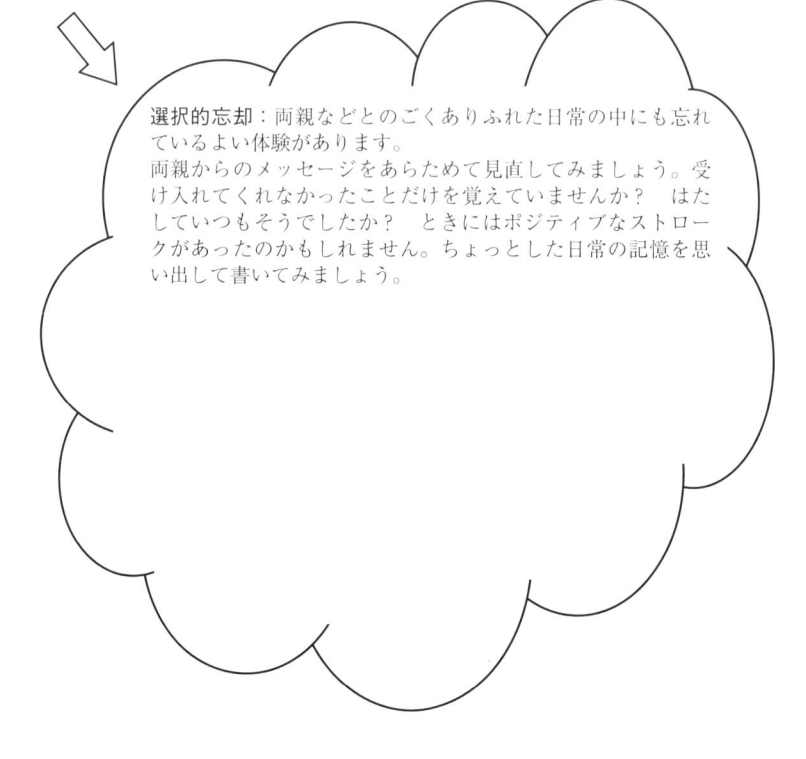

選択的忘却：両親などとのごくありふれた日常の中にも忘れているよい体験があります。
両親からのメッセージをあらためて見直してみましょう。受け入れてくれなかったことだけを覚えていませんか？　はたしていつもそうでしたか？　ときにはポジティブなストロークがあったのかもしれません。ちょっとした日常の記憶を思い出して書いてみましょう。

> **解 説**
>
> 　各項目の中で、自分にとってわかりやすいところから考えていきましょう。
> 　ストレス場面において「当たり前」と思って行う言動の中に、実はニセの感情があるのかもしれません。当たり前のように行ってきたことも、そう思わず、一つひとつ考えていきましょう。まずは、ストレス場面における身体の感覚や行動を観察してみましょう。本物の感情に少しずつ近づけると思います。

Ⅶ まとめ

総合ワーク

最後に，これまで学んできた TA の理論について，事例を通してふり返ってみましょう。

事 例

　梅子さんは，現在42歳の女性，自営業です。

　原家族は，両親と妹2人（8歳下・10歳下）の4人家族でしたが，母は梅子さんが大学生のときに，父は5年前に亡くなっています。妹2人はすでに結婚して別に暮らしているため，梅子さんは家業を継いで実家で一人で暮らしています。家業はもともと父が所有していたアパートや借家の管理で，とくに仕事が忙しいわけではなく，経済的にもゆとりのある暮らしです。

　梅子さんは，母が早くに亡くなったために主婦代わりとして年齢の離れた妹2人の面倒をみてきました。父は梅子さんには厳しかったのですが，妹2人はのびのび育ち，姉である梅子さんに頼り切って成長し，自由に結婚をしましたが，梅子さんは父と妹の世話をしているうちに結婚する機会を失ってしまいました。

　これまでは自分でも父の面倒をみるとか妹たちを嫁がせるということに一生懸命で，とくに不満を感じたことはありませんでした。

　梅子さんには，幼児期から仲よくしている友人の歌子さんがいます。歌子さんは芸術家で自由奔放な人です。いつも梅子さんは歌子さんに振り回されるのですが，華やかな歌子さんといるのがいやではなく，ずっと仲よくしてきています。最近歌子さんは結婚しましたが，それでも梅子さんに何かと声をかけてきます。ときにはかなり無理をしてでも歌子さんにつき合うことも少なくありません。歌子さんの要求に逆らったことはほとんどありません。そうした女王様と侍女のような関係も，仲よくしている友人がいるということであまり不満に感じたことはありませんでした。また，もう一人仲よくしている中学の後輩の映子さんがいます。映子さんは近くに住んでいて何かと相談をしにやってきます。人の役に立てるのが自分の取り柄だと思っている梅子さんは，それを受け入れています。

　ところが，最近梅子さんは体調を崩しました。かぜをひいたのがきっかけで，かぜが治っても頭痛がとれないのです。いろいろ検査をしても問題は見つからず，薬を飲んでもあまりよくなりません。後頭部が重いような頭がすっきりしないような重たい頭痛です。そうなるといろいろなことが

頭に浮かび，自分のこれまでの人生について考えるようになり，こんなはずではなかったのに，という思いが出てきました。これまでとくに不満を自覚したことはなかったのですが，何となく自分らしく生き生きと生きていたわけではないのです。

ここにきて体調が悪くなってみると，それが前面に出てきて落ち込むようになりました。

ふり返ってみると，梅子さんの母は元教員で，厳しいところのある人でした。面倒見はよく，梅子さんをかわいがってくれましたが，小さいころからいろいろ指示されることが多く，梅子さんは母に逆らったことはありませんでした。というより，母のいうことを聞いていれば間違いないように思っていたからです。父に対しても同じようだったかもしれません。ですから，梅子さんはあまり自己主張をしません。相手と争うより妥協したほうが物事が丸く収まると思うからです。そして自分はがまんしても人のために尽くすほうがよい気がしていました。自分の好きなことをするのは自分勝手でわがままな気がするからです。後輩に対しても自分が少し無理をしても役に立っていることが大事な気がしていました。ただ，後輩の映子さんは梅子さんの助言を聞き入れるでもなく，最近は自分はあまり映子さんの役に立っていないのではないかと思い，映子さんが来ると気が重くなっています。

以上の事例について，梅子さんの行動から，自己犠牲的で人の役に立つことが重要と考え，自分を出さずにがまんをして周囲に合わせているので周囲とトラブルを起こすことはありませんが，無理をしていて自分らしく生きていない様子がよくわかります。

長い間，自分で気づかずにいますが，それらがストレスになっているのではないでしょうか。また，対人関係をみても，人に合わせていることが多いので膠着してしまっているようです。後輩との関係などは，相手の役に立とうとしているのに相談にのったあとは何となくすっきりしない不快な感じが残ってしまっていますから，うまくはいっていないのかもしれません。たとえば，映子さんが相談に来ます。「〜で困っているんです」との訴えに「では，〜したらどうかしら」と梅子さんは一生懸命考えて提案します。それに対して映子さんは，「そうね，でもそれは〜だから無理だと思うの」といいます。「じゃあ，〜するのはどう？」，「う〜ん，それも無理かも」。そこで梅子さんはなんとかよいアイデアを出そうと一生懸命に考えて提案します。しかし，映子さんは，「そうね，でも〜だからそれもだめだわ」と梅子さんの提案を受け入れません。そんなやりとりが続いて，結局，映子さんが納得する案を出せないまま終わってしまうことが多いのです。「私は映子さんの役に立てないんだわ」と梅子さんは悲しい気持ちになるのです。

ふり返ってみると，幼児期から，自分を抑えて周りに合わせることで認められてきたようですし，人の役に立つことが自分の役割のように思っていて自己犠牲的に行動することが生き方の信条になっているようです。

そして，40歳を過ぎた今になって自分の行動の仕方や生き方，対人関係にゆがみが出てきてしまったのではないかということが考えられます。

この梅子さんの事例についてTAではどのように考えるのでしょうか。

個人の自我のあり方をみていく**自我分析**，相手とのやりとりの仕方をみていく**交流分析**や**ゲーム分析**，生き方をみていく**脚本分析**のそれぞれからこの事例を TA 的に考えていきましょう（それぞれの章を読んでからもう一度この事例を読み直してみましょう）。

(1) Ⅱの「自我状態」の「エゴグラム」の解説（p.16）を読んで，梅子さんの自我状態をエゴグラムに書いてみましょう（デュセイの原法にならって5つの自我状態についてヒストグラムを描いてみましょう）。

(2) 次に，Ⅲの「やりとりの分析（交流の仕方）」の解説を参考にして，梅子さんと父のやりとりのパターン，妹たちとのやりとりのパターン，友人の歌子さんとのやりとりのパターン，後輩の映子さんとのやりとりのパターンを図で示してみましょう。

(3) さらに，映子さんとのやりとりのからくりはどのようなものか，Ⅳの「ゲーム分析」の解説を読んで，分析してみましょう。

(4) 最後に，Ⅴの「脚本分析」の解説を参考にして，梅子さんの人生脚本のテーマとそれがどのようにして形成されたのか，幼児期の体験と幼児決断を示して解説してみましょう。

解答と解説

(1) CP：普通，NP：高い，A：低い，FC：低い，AC：高い

(2) 父とのやりとり：CP → AC の平行交流（がんこで厳しい父のCPと過剰適応的で相手に従ってしまう梅子さんのACとのやりとり）

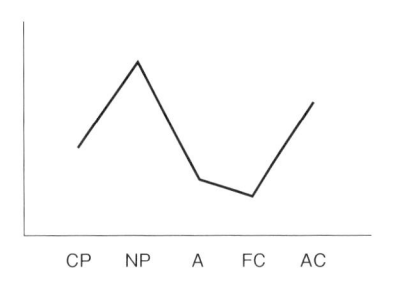

　妹たちとのやりとり：FC → NP（のびのびと自由にふるまい，頼ってくる妹たちのFCと自己犠牲的に面倒をみてしまう梅子さんのNPとのやりとり）

　友人の歌子さんとのやりとり：CP → AC（独善的に相手を支配しようとする友人歌子さんのCPと自己主張できない梅子さんのACとのやりとり）

　後輩の映子さんとのやりとり：FC → NP（何かと頼ってくる自分本位の後輩映子さんのFCと人の役に立つのが自分の価値と思い込んでつい面倒をみてしまう梅子さんのNPとのやりとり）

(3) 「はい，でも（yes, but）」のゲーム

(4) 厳しく強い母とがんこな父　⇒　逆らったら生きていけない（幼児決断）
　脚本　「相手に合わせれば存在してよい」
　　　　「自分は人の役に立ってこそ生きる価値がある」

〈女王様と侍女の関係〉

CP：私のいうとおりにすべきよ！
AC：ええ，わかったわ

おわりに

　この本にある図版やワークなどには，親の養育態度やメッセージについて多くの記載があります。しかし，私たちの不適応な行動が周囲のせいでそうなったということを強調しているわけではありません。たしかに，社会との関わりや親のメッセージは，個人の性格の成り立ちや対人関係のあり方に重要な影響をもつものではありますが，自分自身の生き方は自分が決断し責任をもっていくことが重要であるというのが TA の理念でもあります。

　TA は「母親の養育態度が悪かったから今こうなったのだ」とか，「職場の上司があんな態度をとらなかったら仕事を辞めていなかった」などと原因を周囲のせいにしていつまでも追及し，後悔や怒りの感情をもって過ごすよりは，自律的に自分の思考や認知を変えて自己実現に向けて進んで行くほうが，はるかに生産的であるという理念をもっています。

　TA は，そのような理念を基盤に次のような目的をもっています。

1．自分への気づきを深め，自身のセルフコントロールを可能にする。
2．自律性を高め，自分に責任をもつように成長する。
3．こじれた人間関係に陥ることなく，互いに親密な心のふれあいを経験する。

　つまり，TA の各理論による自己分析を通して性格の成り立ちや対人的な反応の仕方を自覚し，私たちが「こうなりたい自分」に変容することが可能であるということなのです。
　そして，自分の人生に主体的に関わり自分で決断していくことによって，今までのような「いまひとつな生活」や「不適応な状況」に陥ることなく，適応的で自律的な生き生きとした生活が送れるのです。

　TA を学ぶことによって，自身の自己実現のきっかけを見つけたうえで，臨床現場でのクライエントや患者さんの理解や周囲の方との関わり方に役立てられるのではないかと思います。
　この本がその一助となれば幸いです。

　また，本書の出版に際して，協力してくださった方々に，感謝いたします。
　最後に，編集の労を取ってくださり，さまざまなご助言をくださった金子書房の天満綾氏に心からお礼を申し上げます。

　　　2012 年　5 月

著 者 一 同

TA〈交流分析〉がよくわかる！
参考図書ガイド

■ **ギスギスした人間関係をまーるくする心理学──エリック・バーンのTA**
　　安部朋子著　西日本出版社
　　TAを実生活に活用し，視点を広げるのに役立つ人気の書。

■ **交流分析の新たな展開──E・バーン以降の発展（現代のエスプリ506）**
　　江花昭一編　ぎょうせい
　　TA理論が他の心理学の理論を取り入れながらどのように発展してきたか，代表的な理論をあげて紹介している。

■ **紙上ゼミナールで学ぶ やさしい交流分析**
　　今西一仁著　ほんの森出版
　　学校現場で活用できるTAの理論と技法を実践的に学べる。

■ **講座サイコセラピー第8巻　交流分析**
　　杉田峰康著／内山喜久雄・高野清純監修　日本文化科学社
　　TAの基本的な理論を全般にわたってわかりやすく解説している入門書。

■ **TA TODAY──最新・交流分析入門**
　　イアン・スチュアート，ヴァン・ジョインズ著／深沢道子訳　実務教育出版
　　基礎から応用まで，TAのすべての理論がこの本を見ればわかる。TAを学ぶための教科書といえる。

索 引

●あ 行●

アーンスト（フランクリン・アーンスト）　90
I am not OK.　41
ECL（エゴチェックリスト）　16
5つの自我状態　9
イングリッシュ（ファニタ・イングリッシュ）　50, 82
裏面的交流　28, 44
裏面的交流の種類　29
AC　8, 9, 11
Aの姿勢　55
エゴグラム　2, 16
SGE（自己成長エゴグラム）　16
NP　7, 8, 10
FC　8, 9, 10
エリクソン（エリック・エリクソン）　86
汚染　22
　　Pからの一　22
　　Cからの一　22
　　複合一　22
大人（A：Adult）　7, 8, 10
親（P：Parent）　7
　　批判的・支配的一（CP）　7, 8, 10
　　養育的一（NP）　7, 8, 10

●か 行●

カープマン（スティーブ・カープマン）　33, 46
活動・仕事　76
カモ　45
観察可能な行動　103
感情的記憶　104
儀式　76
犠牲者　46
キック・ミー　40
拮抗禁止令（対抗禁止令）　95
基本的構え　41, 83, 86, 93
　　人生の一　50
基本的信頼感　86
脚本　60
　　勝者の一　63
　　人生一　49
　　敗者の一　63
脚本装置　60
脚本の信条と感情　101
脚本のでき方　63
脚本分析　2, 60
救済者　46
強化記憶　101, 104
切り替え　44
禁止令　49, 94
　　12の一　94
くい違いの交流　27
空想　103
グールディング夫妻　94
ゲーム　38
ゲームの扱い方　54
ゲームの過程　44
ゲームの公式（Gの公式，バーンの公式）　44, 49
ゲームのレベル　42
ゲームプラン　48
ゲーム分析　2, 38
結末　46
交叉的交流　26, 45
構造上の病理　21
交流分析　1, 2
誇張　74
子ども（C：Child）　7
　　自由な一（FC）　8, 9, 10
　　順応した一（AC）　8, 9, 11
コミュニケーションの原則　29

コリンソン（ローレンス・コリンソン）　48
混乱　45

● さ 行 ●

Cからの汚染　22
CP　7, 8, 10
ジェイムス（ジョン・ジェイムス）　48
自我機能分析　24
自我（の）構造分析　6, 24
自我状態　4, 6
自我状態モデル　25
自我分析　2
時間の構造化　75
自己肯定　93
自己否定　93
社交的レベル　28, 29
自由な子ども（FC）　8, 9, 10
12の禁止令　94
受動的行動　74
順応した子ども（AC）　8, 9, 11
勝者の脚本　63
除外　23
人生脚本　49, 60
人生の基本的構え　50
人生の信念　101
人生の信念と感情　101
新版 TEG Ⅱ (東大式エゴグラム)　16
親密さ　76
心理ゲーム　76
心理的レベル　28, 29
スタイナー（クロード・スタイナー）　70
スタンプ　49, 82
ストレス　64
ストローク　40, 50, 67
　　ネガティブ―（マイナスの―）　54, 55, 67
　　ポジティブ―（プラスの―）　67
ストローク飢餓　68
ストローク経済の法則　70
ストロークの種類　67

ストロークの循環　70
ストロークの貯金箱　69
ずれのある交流　28
精神分析　1
選択的忘却　104
相補的交流　25, 40, 45

● た・な 行 ●

代替案　32, 49
他者肯定　93
他者否定　93
デュセイ（ジョン・デュセイ）　16
動機　44
ドライバー　96
ドラマの三角図　46
トリック　44
二次的構造モデル　19
ネガティブストローク（マイナスのストローク）　54, 55, 67
値引き（ディスカウント）　50, 74

● は 行 ●

バーン（エリック・バーン）　1, 83
敗者の脚本　63
はい，でも（yes, but）　39
迫害者　46
反応　45
P-EG（プロジェクティブ・エゴグラム）　17
Pからの汚染　22
PCエゴグラム（透過性エゴグラム）　17
引きこもり（自閉）　75
非言語的なメッセージ　94
グールディング夫妻　94
批判的・支配的親（CP）　7, 8, 10
暇つぶし（雑談）　76
複合汚染　22
プラスのストローク（ポジティブストローク）　67
フロイト（ジークムント・フロイト）　1

平行交流　45
報告された心の内部感覚　103
報酬　45
ポジティブストローク（プラスのストローク）
　　67
本物の感情　82

● ま・や・ら 行 ●

マイナスのストローク（ネガティブストロー
　　ク）　54, 55, 67
目的　45

役割の切り替え　44
やりとりの分析　25
You are not OK.　42
養育的親（NP）　7, 8, 10
幼児決断（幼児期の決断）　65, 96
ラケット　81
ラケット感情　41, 54, 81
ラケット行動　50
ラケット・システム　101
ラケット的表出　101, 102

●著者紹介

中村延江（なかむら のぶえ）

臨床心理士・博士（老年学）
早稲田大学第一文学部哲学科心理学専修卒業
筑波大学大学院教育研究科修士課程修了
日本大学医学部附属板橋病院心療内科臨床心理担当,
日本大学医学部第一内科兼任講師・早稲田大学法学部非常勤講師
山野短期大学美容保健学科教授,
桜美林大学大学院心理学研究科臨床心理学専攻教授を経て,
現在，桜美林大学名誉教授，中央心理研究所所長

日本交流分析学会名誉理事，日本交流分析学会認定交流分析士・認定研修スーパーバイザー

田副真美（たぞえ まみ）

公認心理師・臨床心理士
埼玉大学教育学部教育心理学専修卒業
筑波大学大学院医科学研究科修士課程修了
筑波大学大学院人間総合科学研究科博士課程修了（博士 ヒューマン・ケア科学）
日本大学医学部附属板橋病院心療内科臨床心理担当などを経て,
現在，ルーテル学院大学総合人間学部教授,
　　　中央心理研究所所員,
　　　獨協医科大学埼玉医療センター子どものこころ診療センター非常勤講師

日本交流分析学会認定交流分析士・認定研修スーパーバイザー

片岡ちなつ（かたおか ちなつ）

公認心理師・臨床心理士
日本大学文理学部心理学科卒業
中央心理研究所所員,
慶應義塾大学病院耳鼻咽喉科，企業などで心理担当

日本交流分析学会認定交流分析士・認定研修スーパーバイザー

**図解&ワークでわかる・身につく
初学者のための交流分析の基礎**

| 2012 年 7 月 30 日 | 初版第 1 刷発行 | [検印省略] |
| 2024 年 11 月 26 日 | 初版第 8 刷発行 | |

著　者　　中村延江・田副真美・片岡ちなつ
発行者　　金子紀子
発行所　　株式会社 金子書房

〒 112-0012　東京都文京区大塚 3-3-7
TEL　03-3941-0111 (代)
FAX　03-3941-0163
振　替　00180-9-103376
https://www.kanekoshobo.co.jp

印刷・藤原印刷株式会社　製本・有限会社井上製本所

© Nobue Nakamura et al., 2012　Printed in Japan
ISBN978-4-7608-2371-0　C3011

付録 カラー図版

1 交流分析各理論の相関
2 自我構造のでき方
3 交流の仕方
4 ゲームのでき方
5 脚本のでき方

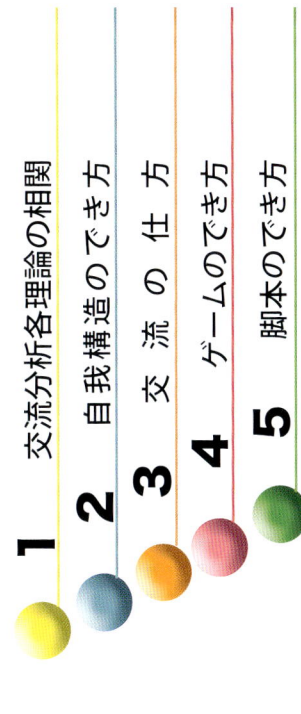

本文中に登場する交流分析のそれぞれの理論や概念が、どのようにつながっているのか、カラー図版で確認しながら、全体的な理解を深めていきましょう。

カラー図版 1

交流分析各理論の相関

- 脚本分析
- 脚本
- 幼児決断
- 自我分析
- 自我状態
- 交流の仕方
- やりとりの分析（交流分析）
- 基本的構え
- ゲーム分析
- 心理ゲーム
- 拮抗禁止令
- 禁止令
- ストローク
- 親のメッセージ

交流分析の各理論はそれぞれが有機的に関わっている
各理論のもとになっているのは親（親的な人）の育児態度である

自我構造のでき方

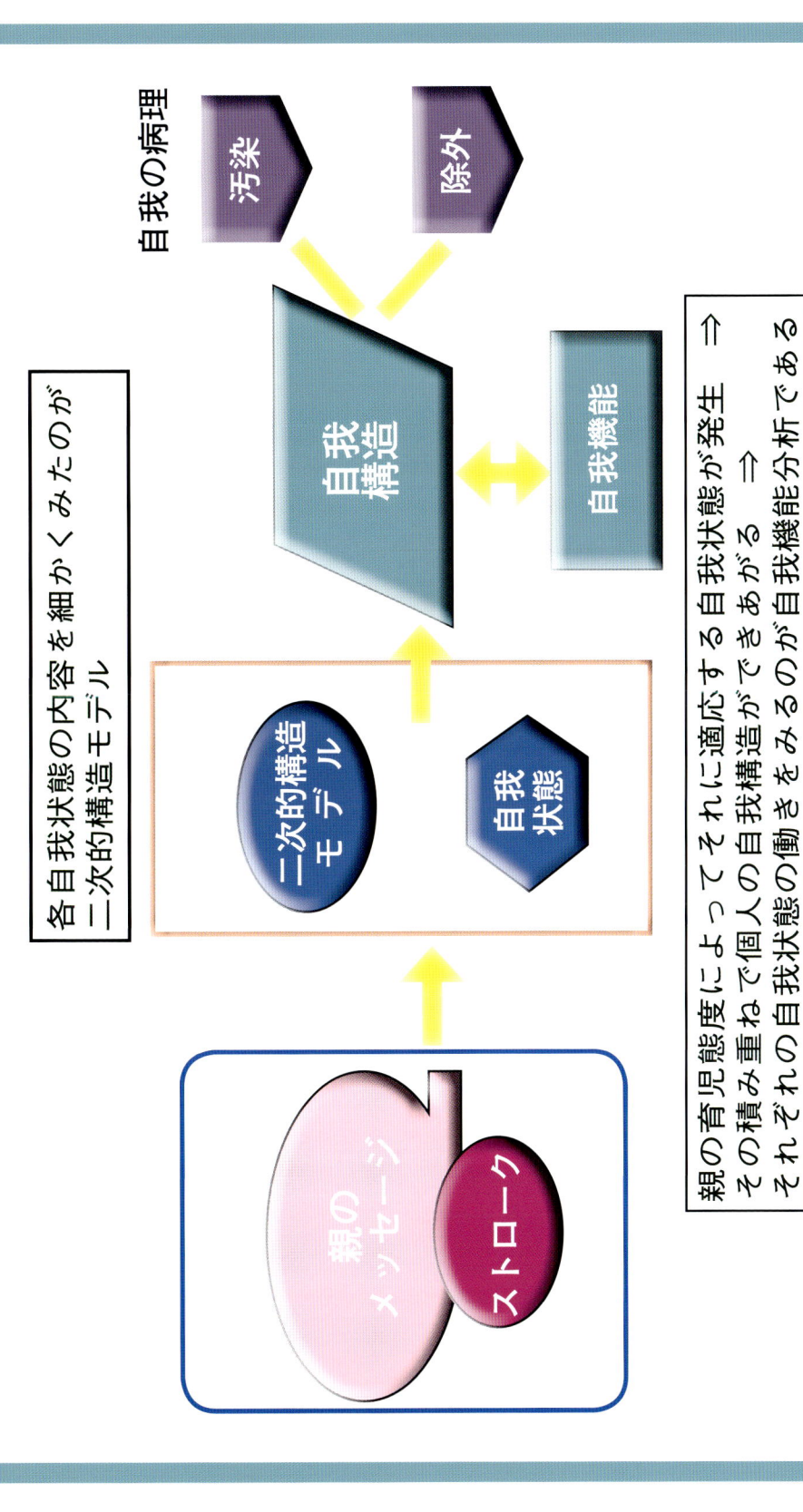

カラー図版 2

自我の病理

汚染　除外

→ 自我構造 ↔ 自我機能

二次的構造モデル　自我状態

親のメッセージ　ストローク

各自我状態の内容を細かくみたのが二次的構造モデル

親の育児態度によってそれに適応する自我状態が発生 ⇒ その積み重ねで個人の自我構造ができあがる ⇒ それぞれの自我状態の働きをみるのが自我機能分析である

交流の仕方

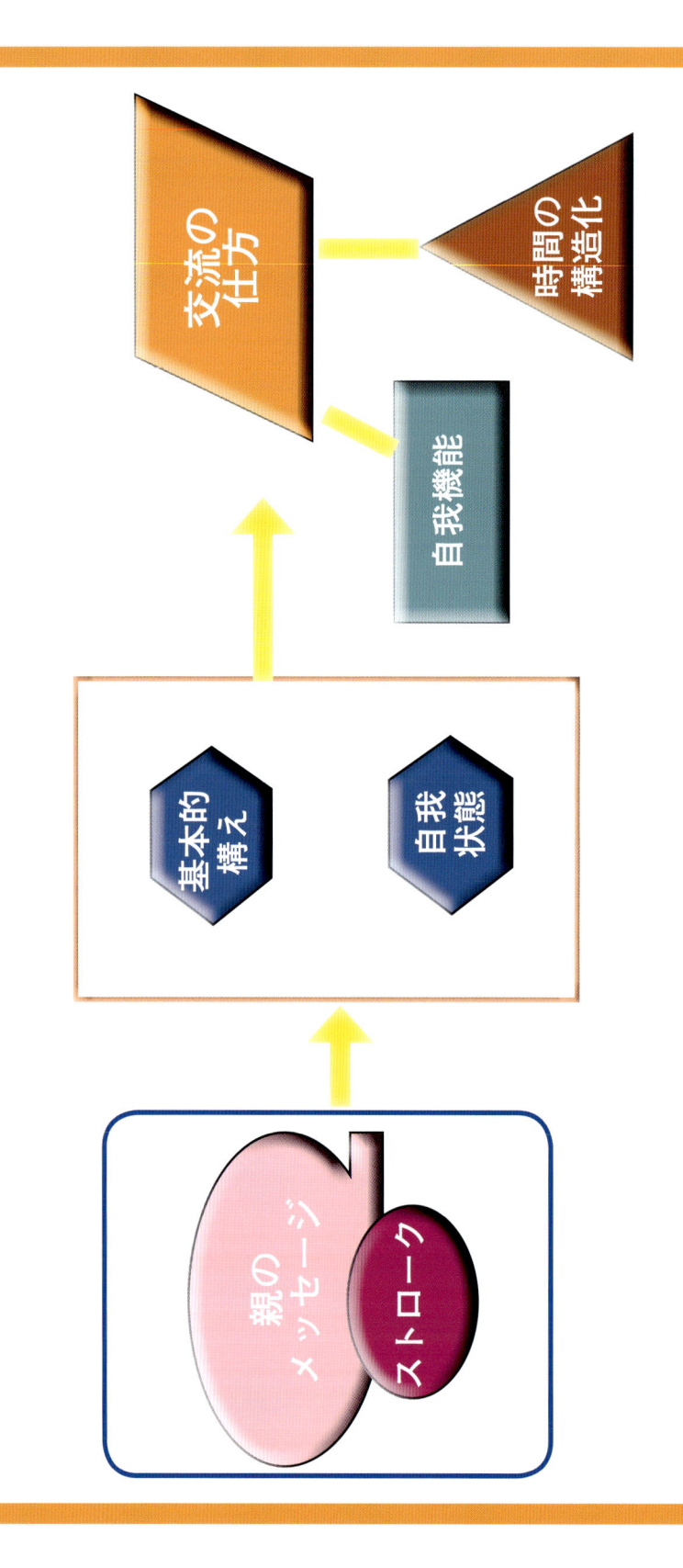

- 親のメッセージ / ストローク
- 基本的構え
- 自我状態
- 自我機能
- 交流の仕方
- 時間の構造化

親のメッセージの影響を受けて、基本的構えや自我状態ができあがり、それをもとにその人特有の交流の仕方が生まれる

カラー図版 3

ゲームのでき方

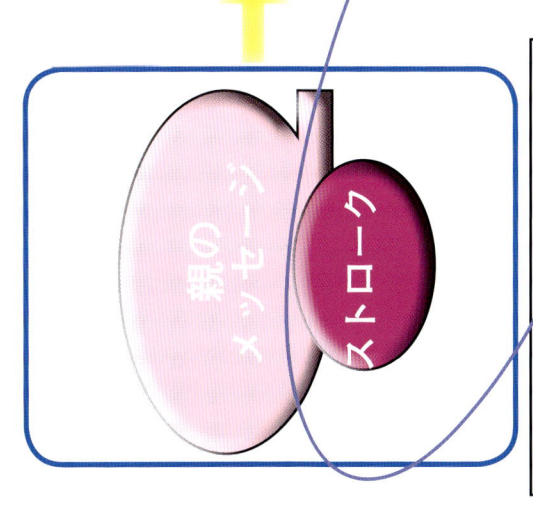

カラー図版 4

親の養育態度のなかには、言語・補強非言語的メッセージがあり、子どものころ、そのメッセージに含まれるストロークを十分に得られず、あるいは欲しいストロークを得られずに育つ

```
[親のメッセージ / ストローク] → [not OKの基本的構え] → [交流の仕方 裏面的交流] → [心理ゲーム] → [人生脚本の確認・補強]
                                                        ↑ [ディスカウント]
                                                        [ラケット感情]
```

そのように育った人は、人生に対してnot OKの基本的構えをもち、本音と建て前の違った交流をするようになる

そのような交流を心理ゲームと呼び、いやな感情を伴う。その人の人生脚本にも密接な関係がある

脚本のでき方

カラー図版 5

脚本

幼児決断

さまざまな要因から幼児決断が行われ、それに基づいて脚本が形成される

ストロークがネガティブな場合や条件つきの場合、子どもの心の中にラケットやディスカウントが生じる

基本的構え

ラケット / ディスカウント

拮抗禁止令 / **禁止令** / **ネガティブストローク**

親のメッセージ

親の有言・無言のメッセージによって基本的構えが形成される

親から与えられる禁止令・拮抗禁止令によって幼児決断が行われる